U0686059

# 进攻型足球打法训练指南

## 如何发动快速反击、组织进攻并漂亮进球

【德】皮特·施赖纳（Peter Schreiner）、诺伯特·埃尔格特（Norbert Elgert） 著

曹晓东、刘斌 译

人民邮电出版社

北 京

图书在版编目（CIP）数据

进攻型足球打法训练指南：如何发动快速反击、组织进攻并漂亮进球 /（德）皮特·施赖纳
(Peter Schreiner)，（德）诺伯特·埃尔格特
(Norbert Elgert) 著；曹晓东，刘斌译. -- 北京：人民邮电出版社，2017. 11
ISBN 978-7-115-46650-1

Ⅰ. ①进… Ⅱ. ①皮… ②诺… ③曹… ④刘… Ⅲ.
①足球运动－运动训练－指南 Ⅳ. ①G843. 2-62

中国版本图书馆CIP数据核字(2017)第202593号

## 版权声明

## 免责声明

作者和出版商都已尽可能确保本书技术上的准确性以及合理性，并特别声明，不会承担由于使用本出版物中的材料而遭受的任何损伤所直接或间接产生的与个人或团体相关的一切责任、损失或风险。

## 内 容 提 要

在足球比赛场上，一旦获得球权，优秀球队的全体队员会立即转入进攻状态。他们不会等待对手组织好防守，而是快速利用对方防守的漏洞进攻，并漂亮球进球得分。这就是现代的进攻型足球打法。

本书详细讲解了进攻型足球打法的训练方法，能够使球队在场上发动快速反击、组织控球进攻并完成最终的射门得分，具体包括反击、阵地进攻、控球进攻、边路进攻、射门。书中每一部分，先从理论方面进行阐述，为后续的实践训练提供理论基础；而训练环节配有训练图解、步骤描述、训练提示和建议，可操作性强，是一本适合足球教练、足球运动员及爱好者阅读的实用训练指南。

◆ 著　　　［德］皮特·施赖纳（Peter Schreiner）
　　　　　　诺伯特·埃尔格特（Norbert Elgert）
　　译　　　曹晓东　刘　斌
　　责任编辑　裴　倩
　　责任印制　周昇亮
◆ 人民邮电出版社出版发行　　北京市丰台区成寿寺路 11 号
　　邮编　100164　电子邮件　315@ptpress.com.cn
　　网址　https://www.ptpress.com.cn
　　涿州市般润文化传播有限公司印刷
◆ 开本：700×1000　1/16
　　印张：10　　　　　　　　　2017 年 11 月第 1 版
　　字数：174 千字　　　　　　2025 年 11 月河北第 7 次印刷
　　著作权合同登记号　图字：01-2016-6545 号

定价：68.00 元
读者服务热线：(010)81055296　印装质量热线：(010)81055316
反盗版热线：(010)81055315

# 致谢

感谢霍斯特·韦恩，谢谢他的研讨会和著作，为我们提供了宝贵的建议。

同时，感谢马里恩·贝克尔，谢谢他不断地按照要求为便捷运动制图软件创造新工具，从而为我们提供了真实的训练形式插图。

特别感谢科尼·埃尔格特，谢谢她在本书写作过程中所提供的有力且鼓舞人心的支持。

# 序

全世界的足球迷都喜欢充满快速配合、精彩盘带和漂亮进球的攻势足球。皇家马德里、阿森纳以及拜仁慕尼黑等顶尖球队的表现都成功演绎了现代足球的踢法。一旦获得球权，这些球队的全体队员都会立即转入进攻状态。他们不会等待对手组织好防守，而是快速利用对方防守的漏洞进攻。他们渗透到对方罚球区只需很少的几次传球，甚至在很多情况下只需一脚传球。

在获得控球权之后，趁对手没有组织好防线、阵型没有收缩时发动快速反击是很关键的。如果对手很快地组织好了防线并切换到防守状态，那么最好采取控球进攻的方式。

反击和控球进攻是本书 3 个主题中的两个。但是，没有射门得分，再好的反击和控球进攻又有什么用呢？本书第 5 章的内容将重点讲述如何成功地射门得分，这也是所有进攻努力的最高潮部分和最终目标。

首先给出一些提示。

● 练习方法和训练手段本身并不能使你的队员提高，关键在于队员们如何使用这些练习方法和训练手段。

● 你如何激励你的队员？你鼓励和表扬你的队员吗？

● 你如何纠正你的队员？哪些方面是你要强调的呢？

● 提示和建议部分是特别重要的。

本书提供了一套系统的训练方法汇编。

本书首先对各主题从理论方面进行了阐述，从而为后续的实践环节提供了基础。在实践环节部分，会有复杂的传球和运球训练。本书建议将这些作为训练的第二热身阶段，以使队员为主要训练部分做好准备。本书中所有的练习和训练都通过了针对不同年龄组和不同能力水平的测试。

## 动作和标记

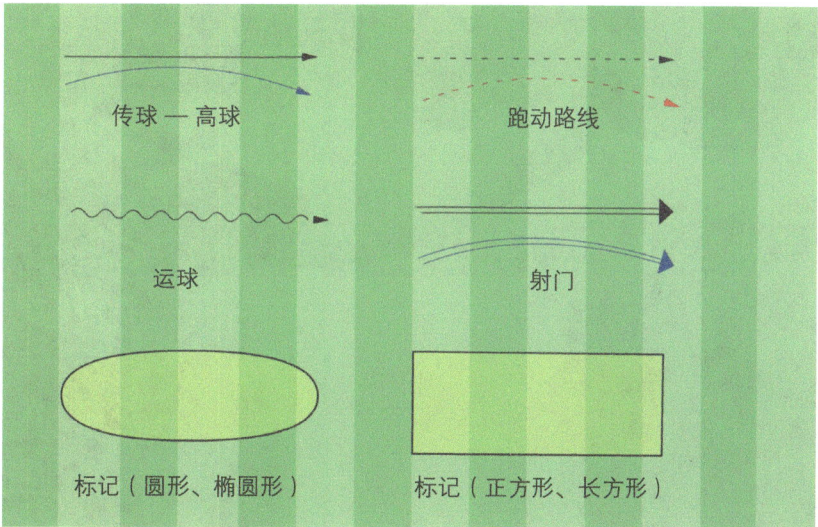

传球 — 高球

跑动路线

运球

射门

标记（圆形、椭圆形）

标记（正方形、长方形）

## 人员（球员、教练）

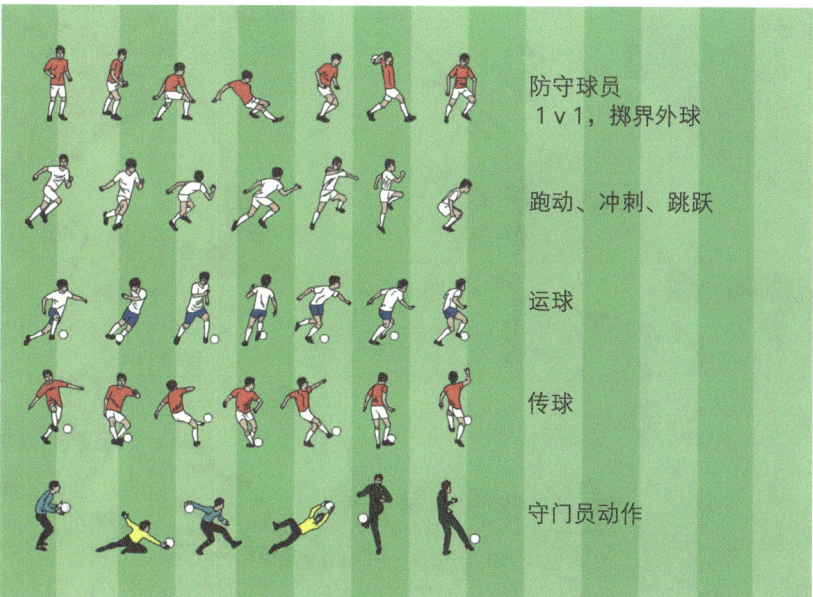

防守球员
1 v 1，掷界外球

跑动、冲刺、跳跃

运球

传球

守门员动作

5

# 目 录

## 第1部分　反击

# 第 2 部分 阵地进攻

**3 简介 / 49**

## 第 3 部分　控球打法

# 第 4 部分　边路进攻

# 第5部分 射门

# 第 1 部分　反击

## 1　简介

在当今的足球运动中，处理球的空间变得越来越小，但是对手对控球队员的压迫以及时间的压力却持续增加。此外，现代的以球为导向的向球逼近防守的策略使得成功进行有序、安全的控球进攻越来越难。这一事实促进了进攻性应对策略的发展。

这使得获得球权后发动快速反击变得尤为重要。比赛中有很多进球往往发生在获得球权后快速的一脚传球之后。比赛中的多数进球，进球前的传球不超过 5 次，这不是巧合。

成功的球队能以闪电般的速度进行从守至攻的转换。事实上，整支球队在防守时都要有准备发动反击的意识。获得球权后，队员要立即有意识地利用对手短暂的组织混乱（最好是以多打少）进行反击。这都是事先有所准备的行动，而不是获得球权后再考虑的问题。

成功的反击要求球员在训练的过程中做好细致、全面的准备和布署。反击和防守反击打法或者说防守反击战术之间存在着重要和关键的区别。纯粹的防守反击作为一种球队战术有下述特点：对手控球时，本方所有队员撤回到自己的半场；重新得球后，发动快速、有针对性的反击——这时对手已经大举压上，后防空虚。

获得控球权后，反击能快速获得空间，通过几次传球或高速运球制造出局部人数优势。在理想情况下，第一次或第二次传球就能传给在球前方的队友。

## 1.1　反击意识

在比赛过程中，所有球员都要密切关注对手的防守，以便能做出相应的正确应对。所有球员要独立地阅读比赛，但是也要跟队友一起阅读比赛。

反击总是发生在对手失误之后，所以要迫使对手犯错。有反击意识的球队往往能做出预判并能做好准备，一旦获得球权便快速发动反击。所有球员都要紧跟比赛的节奏，知道球、对手和队友的确切位置。

## 1.2　反击的三个阶段

第一阶段　　——　　获得球权前（准备阶段）。

第二阶段　　——　　获得球权后（执行阶段）。

第三阶段　　——　　反击结束后（转换为控球进攻或是对手发动反击）。

### 1.2.1　获得球权前的阶段

防守球队将对手的进攻引导到球场的特定区域，可以有效利用边线来实现这个目的。将对手的进攻引导到哪个区域取决于：

- 球队的战术和比赛计划。
- 具体的场上形势。
- 对手的优势和弱点。

防守球队努力在计划获得球权的区域形成以多打少的局面。位于球前方位置的球员一般是前锋，需要缩小对球的施压范围、做好预判，机敏地向纵深移动跑位并做好反击的准备。

要获得球权时，2～3名球员选择好时机，同时对球及持球人实施压迫，最好的时机是球在其运行路线上时。

封堵对手离球近的球员的传球路线，远端的球员同时向球的方向移动施压，这会大大压缩对手的空间。

定位球是理想的反击机会。在球场中区和进攻三区要快发，尤其是在对手阵脚未稳、精神不集中时。定位球（角球，任意球）防守时也是快速发动反击的好机会。守门员得球时，可快速手抛球或凌空大脚开球发动反击。

### 1.2.2　获得球权后的阶段

首先，必须保证球权的安全，可以将球带到一个无防守球员的区域或者将球传给位置更好的队友。为了安全，控球队员最好立即将球带到或传到理想的深度。所有的队员在获得球权之前都已经创造好纵深距离。当他们获得球权时，要第一时间观察场地前方。

接下来，就要决定具体应用哪种技术进行反击。反击的最终目的就是射门得分，可以通过快速运球或较少次数的快速传球来达到快速完成进攻的目的。传低平球尤其适合反击，因为球速快，而且接球队员更容易接控球。理想的传球是时机恰当的空当传球。

在球前方的球员要协作跑动以摆脱防守（注意不要越位），并给控球队员提供多个传球选择。

后卫也被鼓励参加反击。在反击中要寻求人数优势，以多打少。

不要出现一次以上的传控失误，否则对手会有足够的时间重新组织防守。

反击往往以直接射门结束。因此，队员要更频繁地练习快速传球之后的快速直接射门，球员要寻找类似篮球运动中的篮板球一样的补射机会，这同样也需要不断地练习。在反击过程中，球队阵型一定要保持紧凑。这样，在球的后方就有足够多的队员以防止危险对手的防守反击。

### 1.2.3　在对手反击过程中

必须立即对对手的控球队员进行反抢，并阻止其发动反击。这个任务由离对方控球队员最近的队员来完成。球员们要阻止对方的快速运球以及给附近队员的传球，尤其是长传球。这就要求队员们要对对手的行动进行预判（意识上先发制人），互相提醒，并封堵任何可能的传球和跑动路线。

所有其他参与反击的队员要尽快跑回到球的后方，与一直在球后方的队员一起组成一个紧凑的防守阵型。在此过程中，球员们要采用最短路径原则，以节省体力并更快地回到各个位置上。

# 2 成功反击的先决条件

## 技术先决条件

- 掌握所有 1 v 1 技巧和抢断技巧。
- 具备成功的 1 v 1 防守和进攻能力。
- 具备快速运球和带球跑的能力。
- 具备快速、准确且有力地将球传给队友和将球传到队友跑动线路上的能力。
- 具备在极速跑动中干净、准确地传空当球的能力。
- 具备出色的运用脚的不同部位射门得分的技术，特别是正脚背、脚内侧、脚外侧以及脚背内侧。
- 具备出色的凌空射门能力，例如转身凌空射门、头球射门等。
- 具备出色的补射能力。

## 战术先决条件

- 清楚战术和场上形势。
- 用"脑子"踢球。
- 准确阅读比赛的能力（个人和全队）。
- 良好和快速的预判能力。
- 行动速度。
- 具备统一的战术思路以及将对手引入特定区域的能力。
- 高效压迫的能力。
- 在反击过程中和射门之前，队员合理有效的跑位和协同能力。
- 掌握越位规则。
- 掌握个人、小组和球队关于防守和进攻原则的战术。

## 体能先决条件

- 在有球和无球状态下的移动速度。
- 具备好的体能基础和比赛耐力，即使在比赛的最后几分钟也能成功地进行反击。

- 1 v 1 情况下的对抗能力和攻击性。

## 心理先决条件

- 敢于冒险。
- 自控、风险评估能力。
- 自信。
- 果断。
- 韧性。
- 积极进取。
- 团结协作的反击意识。
- 强烈的获胜欲望。

## 社会先决条件

- 团队精神。
- 协同合作。
- 责任感。

## 2.1　关于反击的系统教学和训练

从一开始就系统地从理论和实践两方面将反击战术教授给队员是非常重要的。在执教过程中，要遵守循序渐进的原则。

- 由易到难。
- 由陌生到熟悉。
- 由简单到复杂。

## 反击训练的要点

- 获得球权。
- 守转攻的转换要迅速。
- 创造、形成射门机会。
- 射门得分。
- 反击之后的行动。

## 2.2 关于反击的初级练习：地面传球

### 组织

这是一个地面传球练习。开始时队员 A 越过一排（或一名队员，这里是 C）将球传给 B（1）。B 回敲传给 C（2）。C 传球给 D 并跑到 B 的位置（3）。B 与 D 进行撞墙式二过一传球（4，5），然后跑到 D 的位置。D 接好球，带球到 A 的位置（6）。训练继续在另一边由 E 开始。

### 变化方式

● 在场地的左右两边同时开始训练。这里建议在 A 和 E 的位置放置两个开始标志桶。

### 提示和建议

● 每名队员都不断地跑向下一个位置。

● C 一开始接近 A 并想抢断球，但是 A 越过 C 将球传给 B。

● 使用身体假动作。

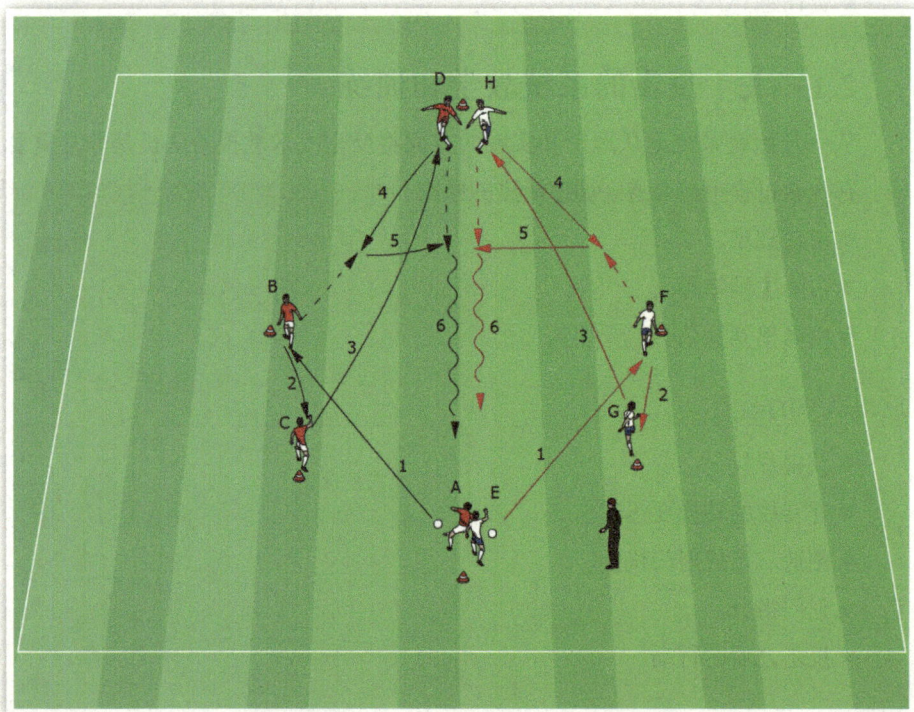

## 2.3　从 1 v 0 开始到 3 v 2+1 训练（霍斯特·韦恩）

反击时要求球员具备较强的洞察力和决断力。队友和对手的位置会出现较大的变化，最佳时机总是稍纵即逝。如果场上情况发生变化，球员必须做出新的决定。一次可能的传球变得不再有利，一次冲向球门的快速带球因为被对手封锁了区域变得不可行。球员总是要不断地进行选择。

下面的训练会从简单的任务开始，逐渐过渡到复杂的任务。一开始的训练，对手只有守门员，随后会不断增加球员的数量，并增加对抗。

进攻队员要根据攻防两端队员的表现以及场上的整体形势，利用局部以多打少的优势，快速创造得分机会。射门时要达到快速跑动中没有停顿、直接起脚射门的水平。

## 1 v 0

### 组织

前锋 A 在中线位置开始快速传球带球，并尽快完成射门。

### 比赛方式

- 不设守门员的计时比赛，球员只有在罚球区内的射门得分才算有效。
- 中立守门员防守大球门的计时比赛。
- 2 名球员同时跑向 2 个（或 3 个）小球门射门。
- 2 名球员同时跑向有守门员防守的 2 个大球门射门。

### 变化方式

- 球员 B 在中线的不同位置开始训练。

### 提示和建议

- 带球跑至射门位置（带球跑时，触球次数越少越好）。
- 寻找通向球门的最直接路线。
- 技术动作的完成不能受到速度的不利影响。
- 比赛方式会产生时间压力。

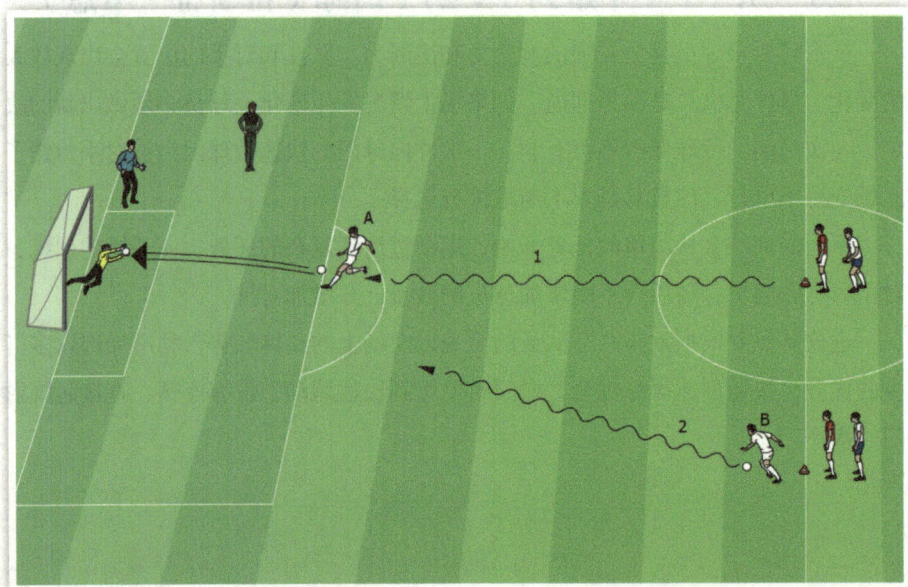

## 对手在后方的 1 v 0+1 训练

### 组织

　　一名前锋开始快速运球。第一脚触球时，一名防守球员从"合理"的距离（大约 2 米）开始启动。

### 比赛方式

- 1 v 1 比赛：每名球员轮流有 3 次进攻机会，成功完成射门得分的次数最多者获胜。
- 分组比赛打空门：越过预先设定的线，射门得分才算有效。
- 2 个球门，各有 1 个对方守门员守门的分组比赛。

### 变化方式

- 改变起点位置（从中间、左边或右边开始）。

### 提示和建议

- 改变起点位置（从中间、左边或右边开始）。
- 不要将球踢到太远的前方。

## 长传冲刺 1 v 1

### 组织

一名球员将球向前直塞，另两名球员从中线启动追球；得到球的球员进攻，另一名球员防守。

### 变化方式

- 球员启动跑向放在距离球门 18~22 米的静止的球。教练给出声音或动作信号。
- 传球队员站在冲刺队员后面不被看到的位置（反应训练）。
- 传球队员在运球区（例如中圈）运球，接着将球传出。这样可以提高冲刺球员根据运球球员的动作预判其传球的能力。

### 提示和建议

- 在冲刺过程中穿过对手的跑动路线也能决定对球的争夺。
- 要提供足够的间歇恢复时间。

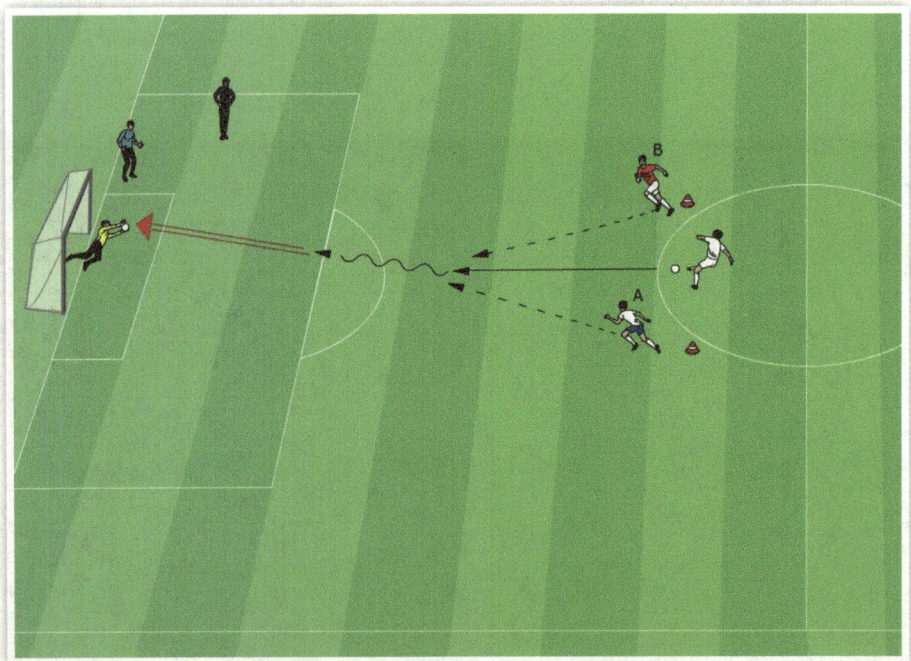

## 2v0 反击

### 组织（初级练习）

2 名球员 A 和 B 从中线尽可能快地跑动到罚球区射门。他们必须至少完成 2 次传球。

### 比赛方式

- 看哪一队球员在不设守门员的罚球区最快完成射门得分。
- 在有守门员防守的情况下完成相同的训练。
- 2 个球门，各有一方守门员守门的分组比赛。
- 守门员由对方球队担任。
- 一名防守球员从 2 名进攻队员起始点的后方开始追赶、防守。

### 变化方式

- 设置 2 个球门，分两队进行比赛。

### 提示和建议

- 很重要的是，球员必须尽可能快地覆盖空间。这就需要较少的传球次数且盘带距离不要太长。
- 快速、成功地反击：球员 A 直接将球传给 B，B 面对守门员将球再传给 A，A 完成射门得分。

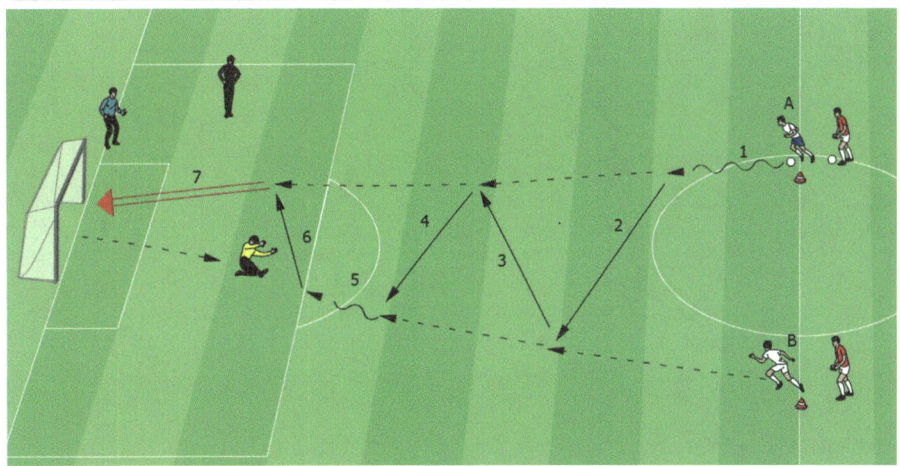

## 如何在面对守门员的情况下进行 2 v 0 进攻

球员 1a 和 1b 在最后传球时必须分开足够的距离（7~10 米）。
最后传球必须在守门员的防守范围之外，根据守门员的行为决定进攻行动。

- 守门员如何出击?
- 他在罚球区里采取怎样的行动?
- 他是否会延缓并等待进攻者犯错?

守门员向前逼近并尝试从球员 1a 脚下抢球。球员 1b 在球所在位置水平线的后方跑动以避免越位。球员 1a 在守门员防守范围之外将球传给 1b。1b 可以轻松将球踢进空门。

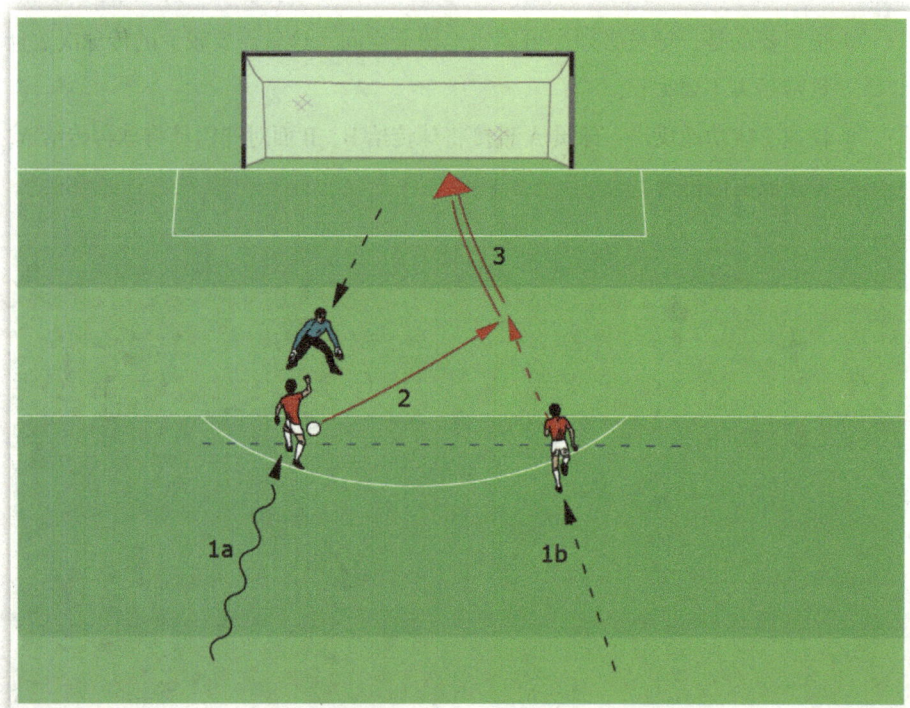

## 2 v 1 训练

### 组织

2 名进攻队员尝试快速打破对方 1 名队员的防守。二过一传球越过对手的防守后，A 向有守门员防守的球门迅速带球并射门。

### 提示和建议

- 启动的队员要评估与对手的距离并判断自己是否有足够快的速度向防守队员运球，推进，然后将球传给队友以打破对手的防守。
- 如果与对手之间的距离很远,那么启动队员可以直接将球传给自己的队友,由队友来逼近对手。
- 设置时间限制。

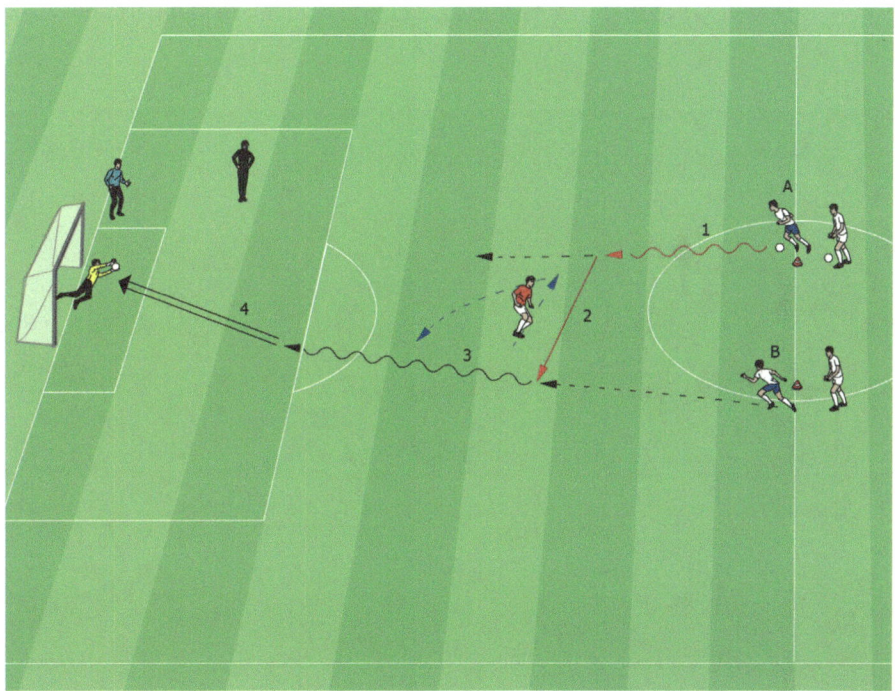

## 2 v 1 + 1 训练

### 组织

2 名进攻队员尝试快速打破对方 1 名队员 G1 的防守。二过一传球越过对手的防守后，B 向有守门员防守的球门迅速带球并射门。

另一名球员 G2 在 A 第一次触球时跟着启动。

### 提示和建议

- 启动的队员要评估与对手的距离并判断自己是否有足够快的速度向防守队员运球、推进，然后将球传给队友以打破对手的防守。
- 如果与对手之间的距离很远，那么启动队员可以直接将球传给自己的队友，由队友来逼近对手。
- 球员 A 必须在将球传给球员 B 之后继续跑动，以便为球员 B 提供另外的传球选择。在这个过程中，他必须确保自己不会越位。
- 球员 G2 的任务是支持自己的队友，同时向进攻者施加时间压力，目的是将进攻者的人数优势转变为势均力敌。
- 根据球员 G1 的防守，A 与 B 进行二过一传球也是一个不错的选择。

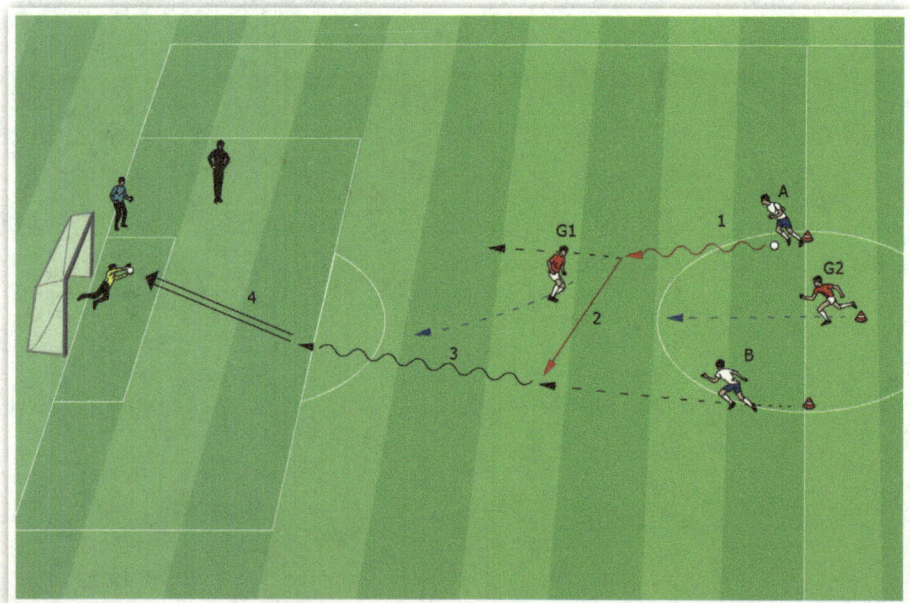

## 3 v 1 + 1 训练

### 组织

　　3 名进攻队员面对 1 名防守队员 G1 发动快速反击。另一名防守者队员 G2 在进攻队员后面 2~3 米的位置启动。这样就变成了 3 v 2 再加 1 名守门员的局面。

### 提示和建议

- 根据防守队员 G1 的行为，A 选择将球传给 B 或 C。
- 球员 A 应向 G1 快速运球，这样 G2 就无法拦截他。传球时要确保队友在高速跟进的情况下控好球。
- 传球要精准，传球距离不要太远，不要向后传。

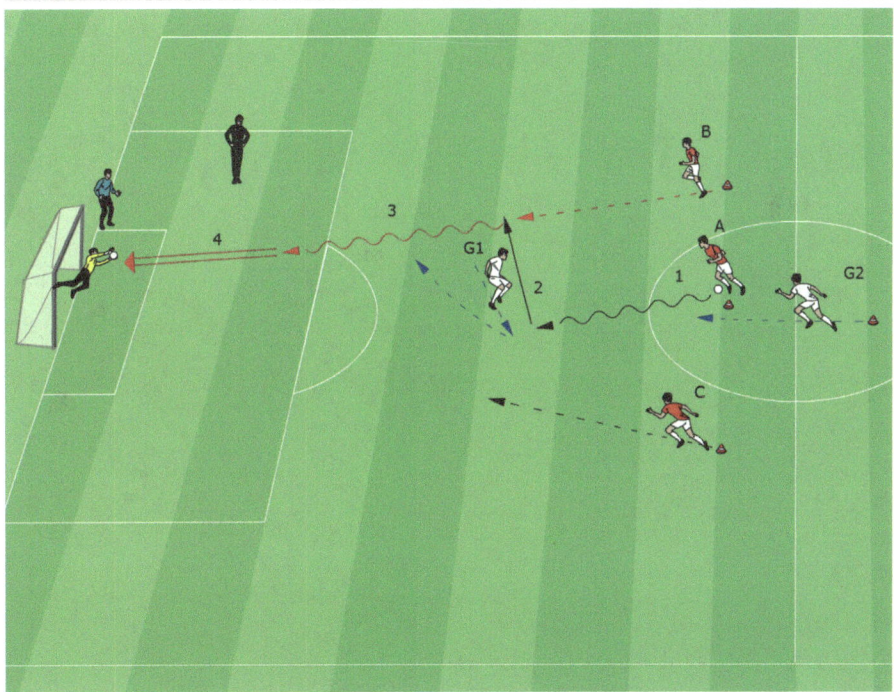

## 3 v 1 + 2 训练

### 组织

类似于之前的训练，但是在这个训练中，增加了另一名防守队员向进攻者施加时间压力。

### 变化方式

- 防守队员的起始位置可以变化。

### 提示和建议

- 注意不要越位。
- 向防守队员 G1 运球、逼近。
- 前锋 C 和 B 要沿近门柱方向内切，不要待在边路。

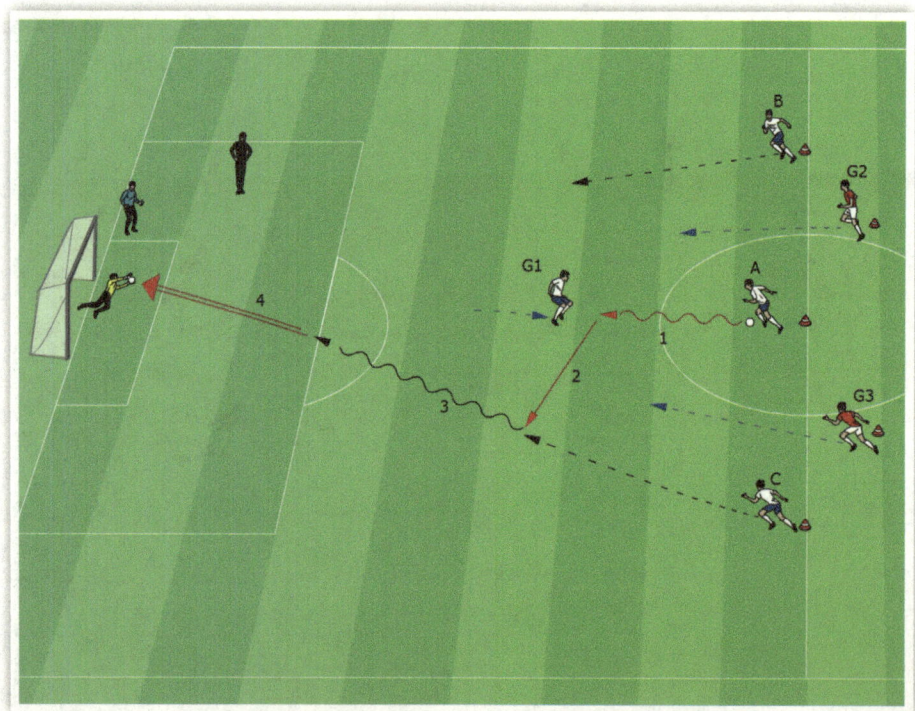

## 3 v 2 + 1 训练

### 组织

此例中，A 向 G1 快速运球，并将球传给守门员防守范围之外的 B。B 尽可能直接将球传给 C，C 迅速简短地带球完成射门。

### 变化方式

- 中间的队员 B 启动，并向两名侧翼队员中的一名传球。他要密切观察防守队员 G1 和 G2，并注意 G3 的追赶。

### 提示和建议

- A 向 G1 运球、逼近。
- 快速准确地传球，从 A 到 B，最后到 C。
- B 确保与 G2 保持足够的距离，然后将球直接传给 C，或者与 C 简短传球后，在 G3 有机会干扰前，C 与 G2 保持足够的距离。
- 根据防守队员的行为，进攻队员要找到创造性的解决方法。

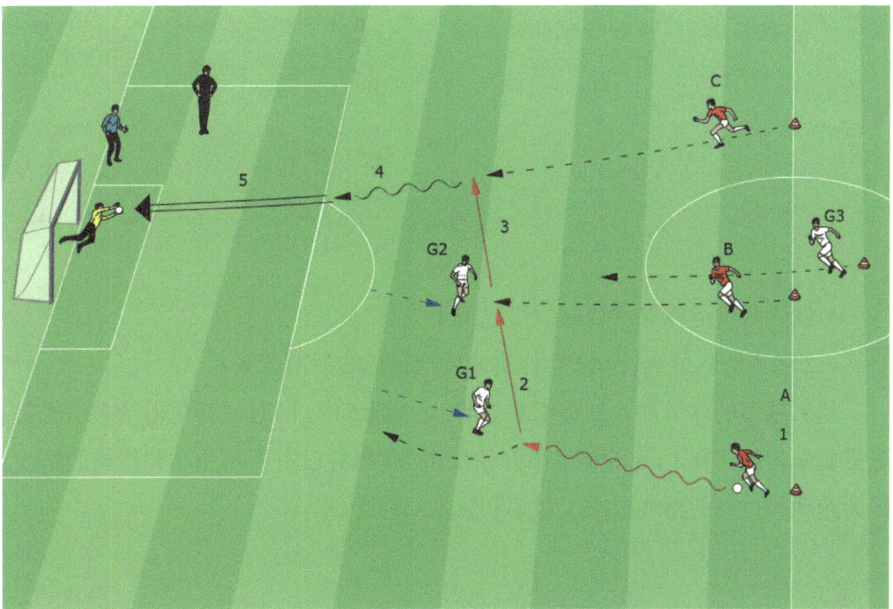

## 2.4 从 1 v 2 到 8 v 8 的训练

在之前关于反击的训练中，开始是用静止的球，现在我们要在比赛情形下开始反击。这样，可以让训练变得更具实战性。下述场景训练的目的是在人数不均等的情况下进行反击。

在一个正方形场地中（5 米 × 5 米或 9 米 × 9 米），人数少的一队必须运球穿过目标线或将球传给站在目标线后面的队友。正方形的大小取决于球员的人数、年龄或者能力水平。

如果人数少的一队失去控球权，另一队要立即发动反击。

- 红队队员运球穿过目标线可以得 1 分。
- 2 名红队队员 A1、A2 合作将球传给目标线后面的队友 A3。

越来越多的球员加入到组织明确的 1 v 2 训练中，同时比赛变得越来越复杂。球员要学习如何在 1 v 1 的情形下开始反击。这里并没有指出跑动和传球的路线，因为跑动和传球的路线取决于对手和队友的行为。

## 1 v 2 训练

### 组织

1 名队员 G 拥有球权，在正方形场地中面对对方 2 名队员，试图将球带到目标底线。当 2 名对方球员（A、B）抢得球权后，他们向对方球门方向发动反击。G 回追进攻队员，向他们压迫并试着抢回球权。

### 变化方式

- 在场地中间或另一侧开始训练。

### 提示和建议

- 在抢到球权之后，可以有几种方式继续比赛。每种方式的选择取决于防守队员和队友的行为。
- 在获得控球权之后的明确目标是尽可能快地找到球门，接着成功完成射门。
- 注意不要越位。

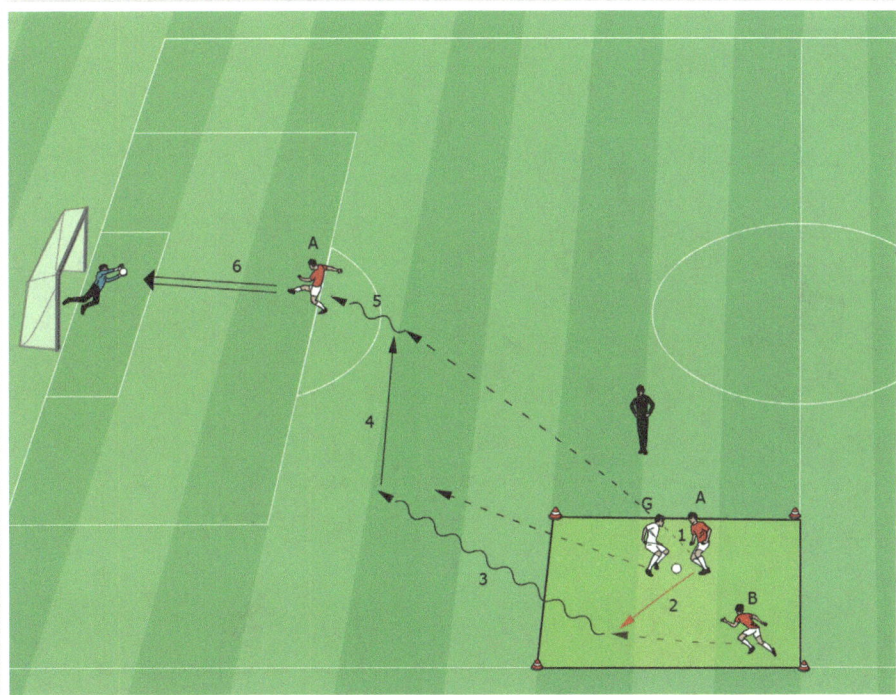

## 1+1v2+1 训练

### 组织

从罚球区开始，G1 将球传给 G2，然后像之前的训练一样，进行 1 v 2 训练。G2 尝试运球穿过目标线。在抢到球的情况下，A 和 B 开始反击，另一名队员 C 从中线位置朝球门跑动以便支持 A 和 B。G1 支持 G2 共同防守对方的反击。

### 变化方式

- 在场地中间或另一侧开始训练。

### 提示和建议

- 很重要的是，要对球队发动反击有时间限定（在抢到球之后的 5~6 秒）。
- 发动反击的球队必须注意不要越位。

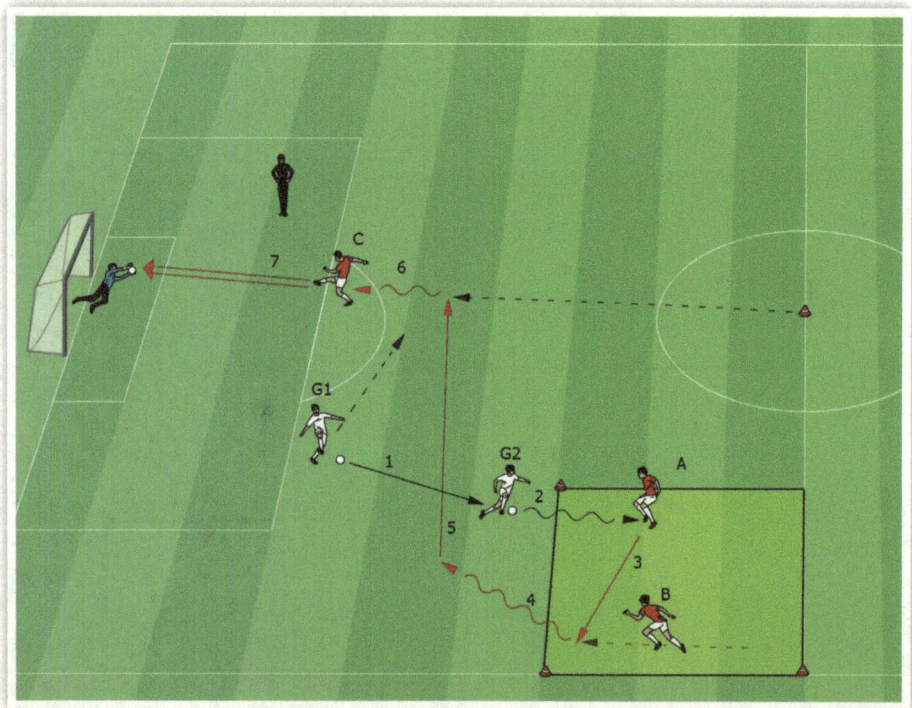

## 2 + 1 v 2 + 1 训练

### 组织

G1 开始 1 v 2 训练，尝试运球穿过目标线或将球传给 G3。A 和 B 尝试阻止这次进攻，并在获得控球权后发起反击。一旦 A 抢到球，B 和 C 也加入到反击中。

同时，G3 开始追赶，并支持 G1 和 G2 对反击进行防守。此例中（如下图所示），A 抢到球之后向中路带球，G1 立即追赶压迫。A 将球传给 C，C 在被 G2 上抢的情况下，将球传给 B。

### 变化方式

- 在场地中间或另一侧开始训练。

### 提示和建议

- C 和 B 注意不要越位。
- 最后传球给 B 时一定要精准，以便他在高速跑动中控制好球，在 G2 贴上身之前快速完成射门，没有拖延。

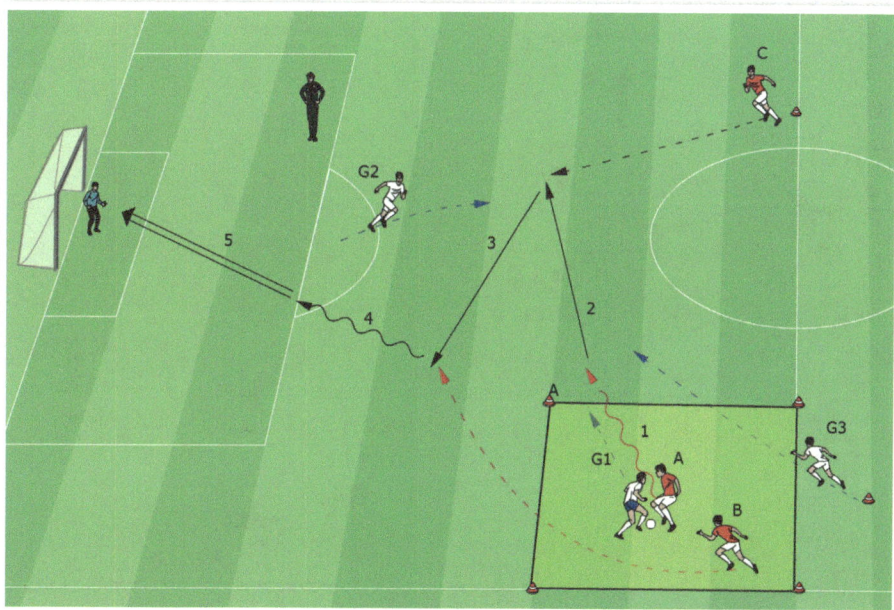

## 2+1 v 2+2 训练

### 组织

在 10 米 ×10 米的正方形场地里，G1 尝试运球穿过目标线或者将球直接传给目标线后方的队友 G3。A 和 B 尝试阻止其穿过或传球。当他们抢到球后，与 C、D 一起对有守门员防守的球门发动反击。

### 变化方式

● 在场地中间或另一侧开始训练。

### 提示和建议

● 进攻队员之间良好的协作非常重要，这样可以避免反击速度延缓，从而快速地完成反击。

● 进攻队员必须迅速对所有队友以及对方防守队员的移动进行关注，并且熟练、迅速地利用好局部以多打少的优势。

## 2 + 3 v 3 + 2 训练

### 组织

在长方形 / 正方形场地的中线位置开始 2 v 3 训练。人数处于劣势的 B 队尝试运球穿过目标线或将球传给在目标线后方的队友 B3。其他各两名防守队员和进攻队员站在边线位置附近。A 队抢到球后开始发动反击。

### 提示和建议

- 边锋内切并避免越位。
- 在抢到球之后，3 名中场球员不要延缓，要迅速将球向前传入指定区域，或者传给 A4 或 A5。
- 注意不要越位。

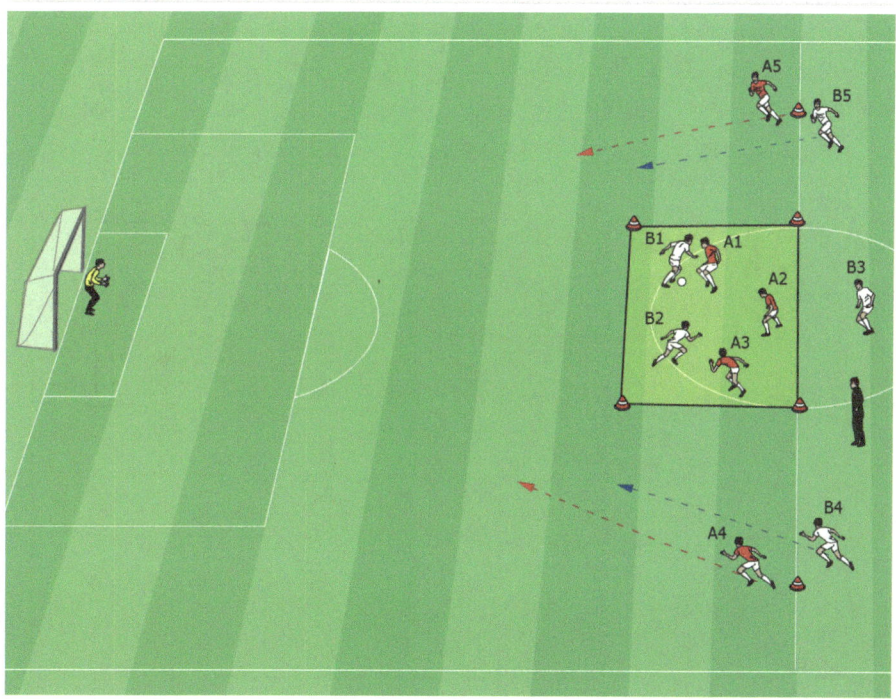

## 进攻型足球打法训练指南

## 6 v 6 ( 2 v 3 + 3 v 2 + 1 v 1 ) 训练

### 组织

与之前的训练类似，但是在罚球区附近各增加了 1 名防守队员和前锋。

### 提示和建议

● 在抢到球之后，要尽快将球传向指定区域。理想情况下，A2 将球传给中锋，他护住球，然后将球传给两边插上的进攻队员。

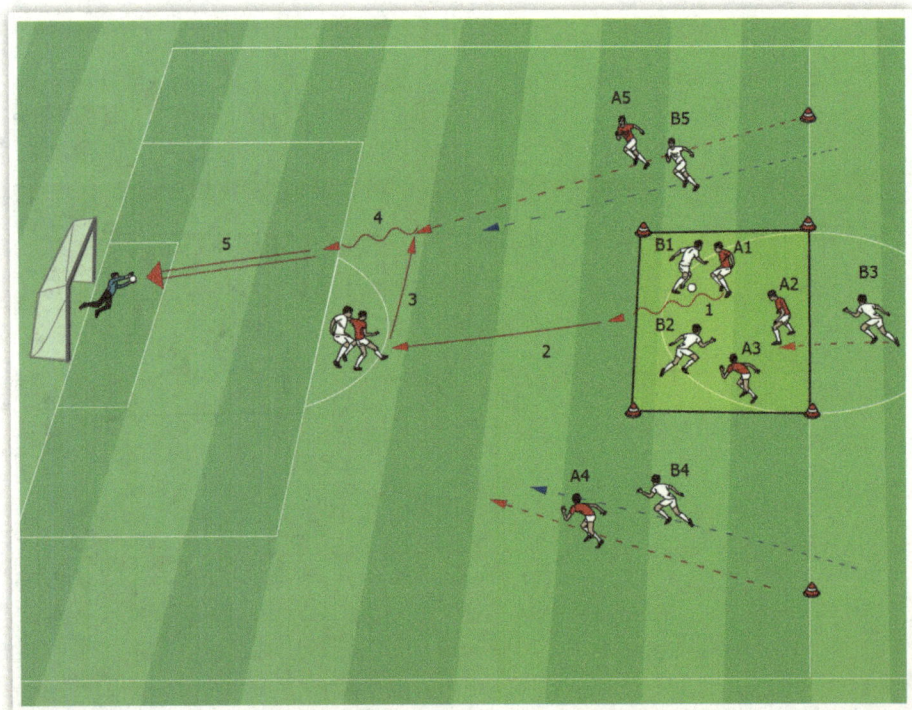

## 7 v 7（2 v 3 + 3 v 2 + 2 v 2）训练

### 组织

跟之前的训练类似，但是在罚球区附近各增加了 1 名防守队员和前锋。B1 和 B2 的目标是运球穿过目标线或者在长方形 / 正方形场地上将球踢进 2 个小球门中的一个。A 队抢到球之后开始反击。

### 提示和建议

- 这个复杂的训练形式要求所有的队员都能够很好地理解它，这样他们才能注意到队友和对手的任何行动，以便能够快速做出正确的决定。
- 传球的方向和时机以及协作跑动变得越来越重要。
- 教练可以设定时间限制（例如 8~12 秒），这样反击就不会演化为一次阵地进攻，并且队员会寻找快速射门得分的机会。

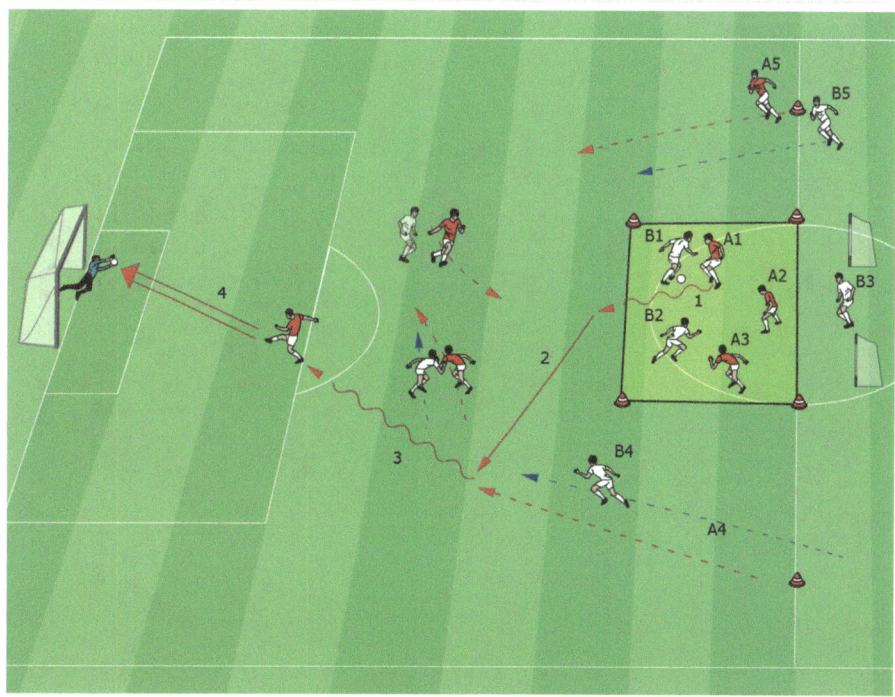

## 8v8（3v4+3v2+2v2）训练

### 组织

与之前的训练类似，但是增加了一个起始长方形场地、一名防守队员 B3 以及一名前锋 A4。B1、B2 和 B3 的目标是将球传给队友 B4 或者运球穿过目标线，这样他们就能得 1 分。A 队抢到球之后开始反击。

### 提示和建议

- 所有的运动员都要确保选择在恰当的时机采取行动（摆脱防守、开始跑向场地、传球）。
- 教练可以设定时间限制（例如 8~12 秒）。这样反击就不会演化为一次阵地进攻，并且队员会寻找快速射门得分的机会。

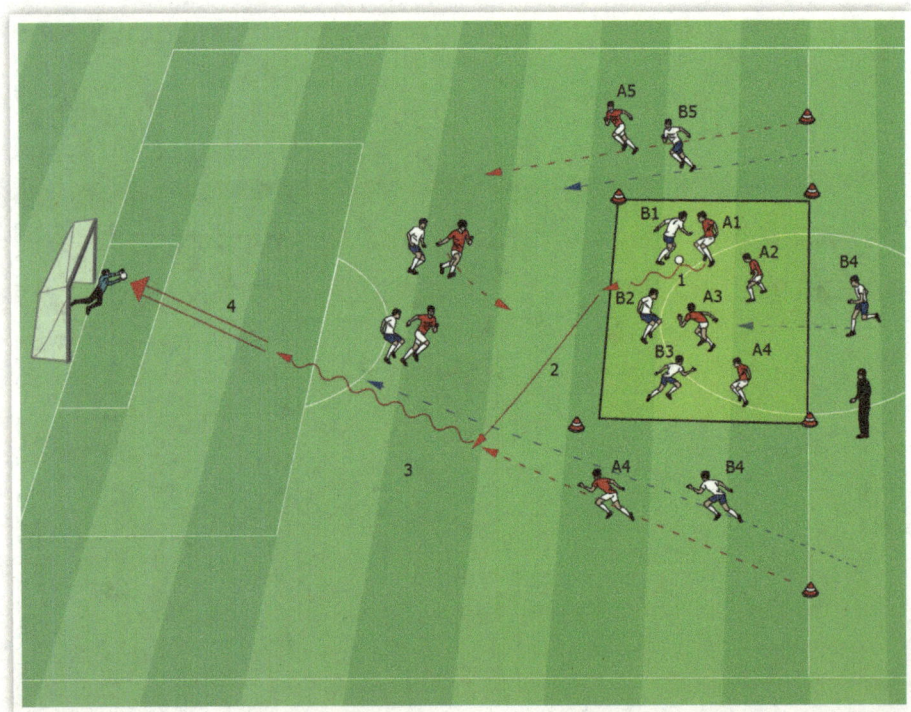

## 2.5　比赛方式和训练

以下内容侧重于在 1v1 对抗之后以射门的方式结束反击，以及在侧重反击的情况下进行设置了 4 个小球门的小型训练比赛。

在这一部分的最后，我们会安排 7v7 控球对抗。在这个训练中，队员必须在完成几次触球或者接到教练的信号之后开始向对方球门发动反击。

球员可以将他们在练习过程中所掌握的内容应用到小的训练比赛中。只有球员在比赛压力下还能够稳定地进行快速反击才是成功的训练。

## 1v1 比赛

### 组织

球员在 40 米 × 40 米的场地上进行 1v1 比赛。两支球队的队员在各自的球门线后方等待。在场地中间，2 名队员争夺教练踢进或掷进场地的第一个球。抢到球（这里是 A1）的队员成为进攻者，同时尝试在 1 v 1 的情况（这里是 B1）下射门。无论射门是否得分，B2 要立即发动反击并射门，A1 要立刻变为防守一方去防守 B2。如果守门员成功救球，就把球抛给 B2，由其发动反击。

### 变化方式

- 2 v 2。
- 3 v 3。

### 提示和建议

- 不同的射门地点会产生不同的反击情形。
- 提供足够的休息：确保运动阶段和恢复阶段之间保持良好的平衡。
- 出色的 1 v 1 进攻和防守训练。

## 3+1 v 3+1 训练

### 组织

运动员在 19 米 ×19 米的正方形场地上进行 3 v 3 训练。每支球队在各自的球门线后，2 个小球门之间都有一名队员。

### 变化方式 – 3 v 3+2 名中立球员

- 场地外面的是中立球员。射门得分时（在没有组织好防守的情况下进行反击），要改变进攻方向，不能将球向后回传给中立队员。

### 提示和建议

- 获得球权后转换要迅速。
- 快速传球通过场地。
- 快速传球通过场地后保持三角形阵型。

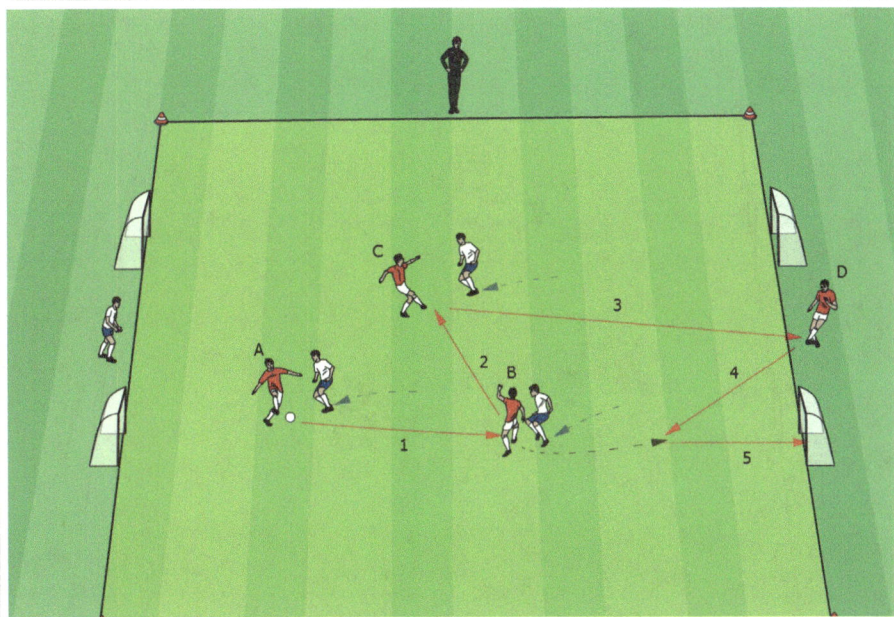

進攻型足球打法訓練指南

## 3 v 3 + 4 名中立球员的训练

### 组织

　　球员在 19 米 × 19 米的场地上进行 3 v 3 训练。4 名中立球员（两名在球门线后面，两名在边线位置）总是协助有球权的一方。不允许将球向后传给球门线后的中立球员。在射门得分之后，进攻的球队继续保留控球权，同时趁对手暂时的组织混乱向另一边发动反击。

### 变化方式

- 在 20 米 × 40 米的场地上进行 4 v 4 训练，场外站 4 名中立球员。
- 如果人数出现奇数，那么中立球员可以上场加入。

### 提示和建议

- 守转攻的转换要迅速。
- 快速传球通过场地。
- 三角形阵型。
- 二过一传球。
- 限制中立球员的触球次数（一脚或两脚）。

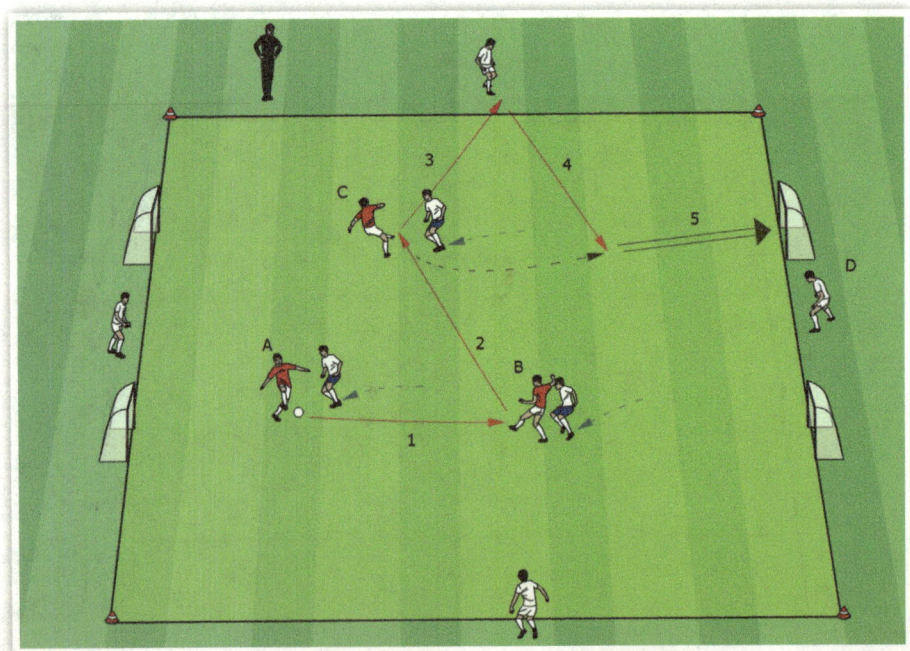

## 面对 4 个小球门和 2 个大球门的训练

### 组织

在 30 米 ×40 米的场地上设置 4 个小的和 2 个大的球门进行 4 v 4 训练。各有 2 名中立球员站在各自球门线的后方。射进大球门可以得 2 分，射进小球门可以得 1 分。两支球队在射门得分之后改变进攻方向。

### 变化方式

- 两名队友站在球门线后方；不改变进攻方向。
- 中立球员可以进到场地里参与对抗，但只能有一次机会。
- 根据训练目标和比赛队伍的水平，改变场上球员以及球门线后方球员的触球次数。
- 5 v 5。
- 6 v 6。

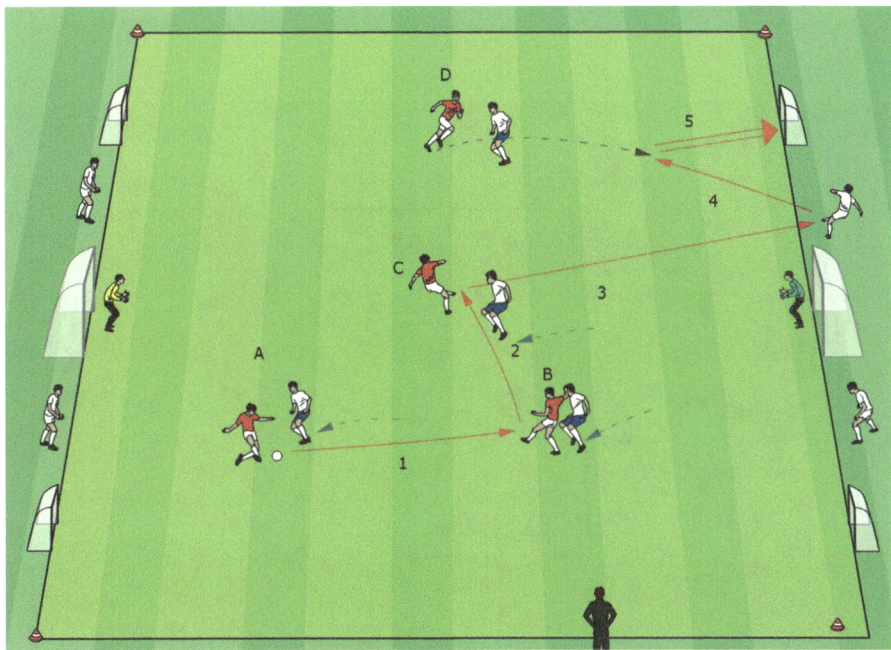

## 在中场进行 4 v 4 训练

### 组织

在 30 米 × 40 米的场地上设置 4 个小球门,两支球队进行 4 v 4 训练。在教练发出信号后,球员转换为向指定的一个小球门进行反击。如果对方球队抢到球,那么对方球队从另一边开始反击。接下来两支球队继续在场地内进行对抗。

### 变化方式

- 5 v 5(场地大小为 30 米 × 49 米)。
- 自由选择球门(可以进攻左边和右边的由中立守门员把守的球门)。
- 球门被指定为某个字母或颜色(例如 A、B 或者红色、蓝色)。教练喊出字母或颜色时,球员必须在比赛情形下准确地做出反应(复杂的反应训练)。

### 提示和建议

- 球员必须在 4 v 4(5 v 5)比赛的情形下向大球门发动反击。在教练发出信号后,他们必须利用对手暂时的组织混乱,向球门方向发动非常快速的反击。
- 训练警觉性和理解比赛。

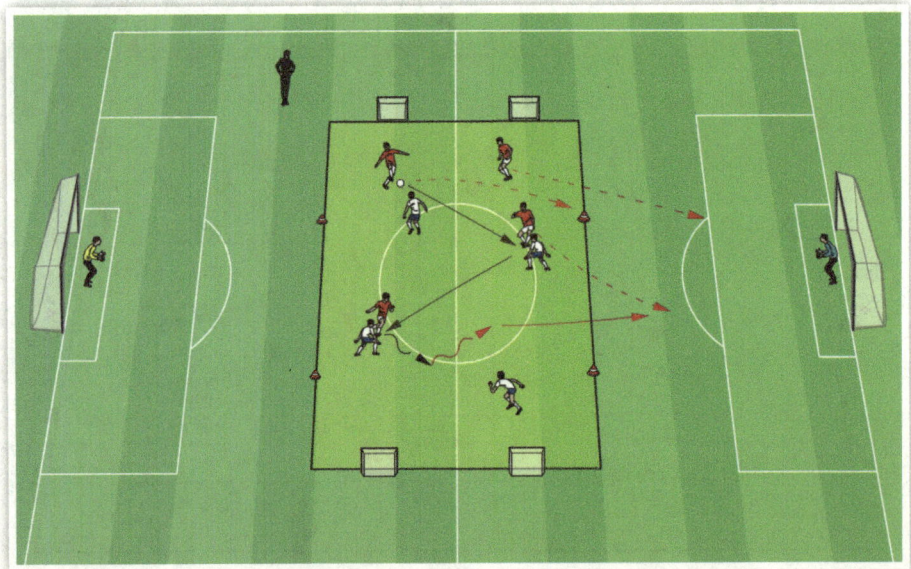

## 7 v 7 对角训练

### 组织

　　两支球队在半场开始针对控球权进行 7 v 7 对抗训练。在完成特定的触球次数（例如 6 次）或者接到教练发出的信号之后，队员越过中线向球门发动反击。

　　例如：在场地 A 完成第 6 次传球之后，向场地 B 的球门发起反击。

### 提示和建议

- 控球的球队在第 6 次传球之前已经做好了反击的准备。
- 队员要仔细观察队友和对手的位置，以便在第 6 次传球之后快速做出正确的决定。

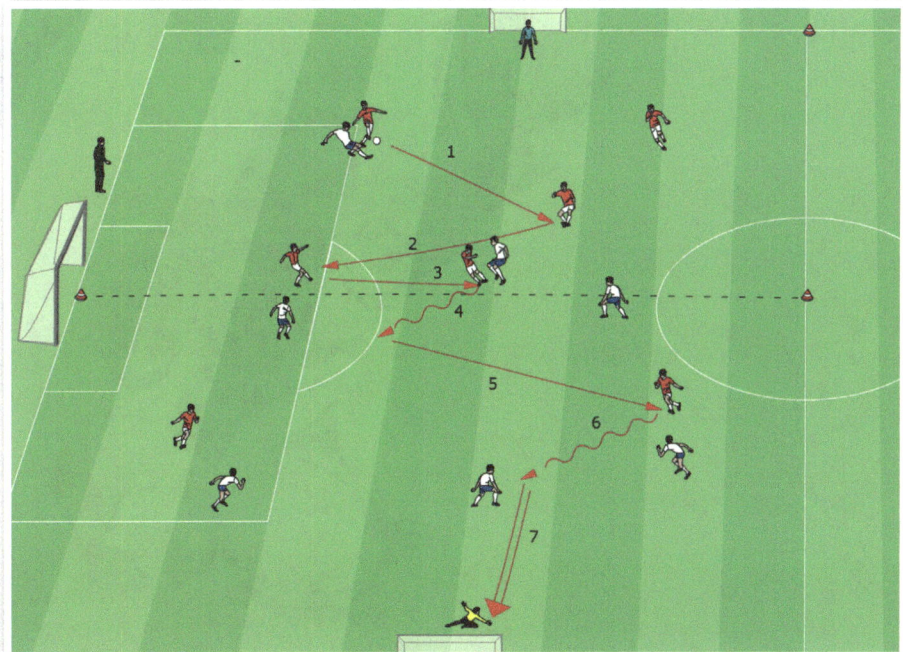

# 第 2 部分　阵地进攻

## 3　简介

### 3.1　阵地进攻是成功进攻的先决条件

　　成功进攻的最重要先决条件是整支球队在压力下将球控制在球队范围内的能力。控球并不能保证获胜，但是意味着可以控制比赛的速度和节奏。最重要的是，控球可以迫使对手进行更多的跑动。世界一流球队都有的突出特点是，球队在比赛的各种情形中几乎都能够完美地保护和控制好球。即使在压力下，他们也可以游刃有余地从后场稳健地组织起进攻。控好球最重要的是无球状态下的组织以及掌握各种精准传球的技巧，即使是在以最快的速度跑动中。在训练中交替变换人数占优、人数均等、人数处于劣势等不同情形都是非常重要的。训练场地的大小取决于训练目标和可用的队员人数。要达到像荷兰队或巴塞罗那队那样的接近完美的阵地进攻，必须从一开始就要进行系统的训练。

### 3.2　阵地进攻训练的执教要点

- 获得球权后，应立即拉开，充分利用场地空间。
- 场地的中间和边路都应被利用起来。
- 位于边路的队员要面向场地内。位于空当中的接应球员同样也不能背对球场，而是要采用开放式站立，将身体侧过来。

- 总是与球保持和拉开一定的距离（根据球、对手和队友的位置，不断调整自身在场地上的站位）。
- 位置轮换。
- 球附近的人数优势和三角站位。
- 不断地利用空当。
- 转移进攻方向，迫使对手进行更多的跑动。
- 避免不必要的盘带和冒险传球。
- 一流的传球和各种娴熟的传球技巧。

在控球与传球相关的训练中，必须反复强调第一次触球的重要性。当小罗纳尔多接球时，他总是在第一次触球时就为下一个动作做好准备，这样他就可以立即传出早就想好的传球或是直接起脚射门。

这样做的其中一个重要的先决条件是，接球的队员必须在触球之前清楚自己在接下来会面临哪些选择，其中哪些又是最佳选择。"一停二看三传球"的踢法目前已经过时，被淘汰了。

## 3.3　无球跑动

在一场比赛中，每名队员平均只有 1.5~2 分钟的控球时间。比赛的大部分都由各种跑动和移动组成，例如行走、慢跑、冲刺等。球员的无球跑动必须协调好并创造出尽可能多的、好的传球选项。

这些协调好的无球移动必须根据场上的具体形势，增加对手的防守难度。控球队员应该总是有短传和长传的选择，具体选择哪一种传球方式，取决于其对场上形势的战术评估。摆脱防守意味着摆脱了自己的对手，以免他对自己的接球造成干扰；或者是使自己处于一个更好的位置，为控球队员提供更好的传球角度。

随着空间、对手和时间压力的持续增加，当队员试图摆脱防守时，跑动中的假动作变得越来越重要。首先，相反的动作掩盖了真实的意图。球员摆脱时先从精神头脑开始，在使用假动作之后，变成由头部移动向真实意图方向的奔跑。球员可以通过改变跑动方向或跑动速度来摆脱防守。

## 3.4　摆脱防守的其他技巧

- 避开对手的盯人区域，进入开阔的区域活动。
- 在摆脱防守时，必须关注球和队友。

## 3.5　传球的重要性

传球是比赛中最常见的行为。班斯博和佩特森的统计数据表明，一场比赛中会有多达 800 次的传球。杜塞表示，"传球是足球比赛的灵魂"。传球是集体比赛的基石。

在很多运动中，最简单的动作或技术的执行也是最难的，因为运动员（以及很多教练）往往低估了这些动作，因此没有对这些技术进行足够的训练。每名球员都会几种传球方式，而且球在大多数情况下也可以被队友接住。但是，不管怎样，传球练习必须成为训练的一部分。每一名网球运动员都必须花费大量的时间练习简单的正手击球动作。只要是看过职业俱乐部训练的人都知道，即使是明星也会做大量的传球练习。

比赛中，一次出色的传球应该是有这些特点：精准、合适的球速和恰当的时机。

## 3.6　实战训练与左右脚踢球

然而，在绝大多数情况下，传球练习还是在所谓的传球通道上进行。2 名队员面对面，来回传球。

虽然这个练习可能适合识别和纠正技术缺陷，但是这种练习方式不仅无法调动球员的积极性，而且没有实战效果，尤其是当考虑到不同类型的传球必须要用在各自的战术背景之下（球、队友、对手的位置或者各自之间的距离）。

人们所熟知的传球方式包括挑传、横传、回传、斜传、短传、长传、低传、半高球传球、高空球传球、二过一传球以及在时间压力和对抗压力下的传球。这些传球大多数不仅需要有传球力度，而且还必须有准确度，以保证比赛的持续进行。

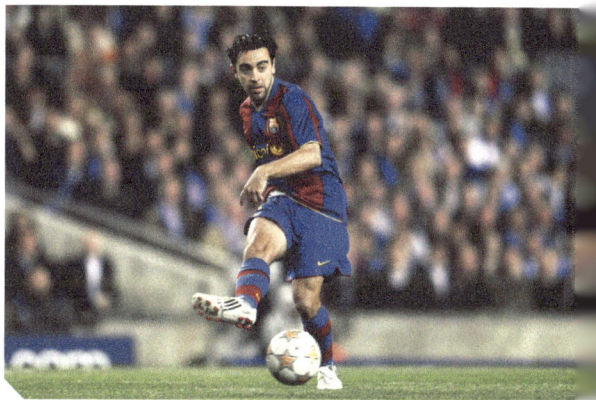

就适应比赛需求的训练而言，我们也应该尽可能地通过传球训练来满足这些需求。因此，大多数训练应该多样化且突出其他重点（信号的可用性、摆脱防守、三角形阵型、制造和利用空间、向前跑动、改变位置等）。

这也包括在组织训练任务分配时，球员必须按照使用左右脚传球的思路来进行。同时，要有触球次数的限制或者指导方针的变化，例如必须通过第一次触球接球并改变球的方向，然后必须在第二次触球时进行传球。

## 3.7 传球练习的 10 个最重要的指导要点

1. 传球的准确性。
2. 传球的难度取决于场上的情形。
3. 尽可能低地传球（这样，球可以更快地到达目标且更易于接控球）。
4. 最佳的传球时机。
5. 使用跑动假动作。
6. 队员协同移动。
7. 使用双脚。
8. 一般来说，要将球传向队友离对手较远的那一侧脚下。
9. 先纵深后横向（传球训练中也是如此）。
10. 执教（良好的语言和非语言沟通）。此外，传球队员和接球队员也要有眼神交流。

## 3.8 纠正

- 踢平直球时触球部位在球的中部，踢高球时触球部位在球的下部。
- 利用冲力动量而不是力量传球。
- 使用脚内侧传球最安全且最准确，但是也最容易被识别。使用脚外侧传球很隐蔽且顺畅，但是由于触球面积非常小，技术难度明显更大。
- 摆脱防守的球员必须确定时机、方向和传球类型。

# 4　跑位的准备练习

## 4.1　菱形——基本练习

### 组织

这是基本的菱形训练。传球和接球的队员不断变换位置。A 将球传给球员 B，接着跑到菱形的中心。B 直接将球传给球员 A，接着跑到 A 的位置。A 向 C 直接传球，同时取代 B 的位置。C 向 D 直接传球，接着跑到菱形的中心。D 直接将球传给 C，接着跑到 C 的位置。C 直接向 A 传球并取代 D 的位置。

### 变化方式

- 注意传球的准确性并使用双脚传球。
- 地面传球。
- 使用跑动假动作。

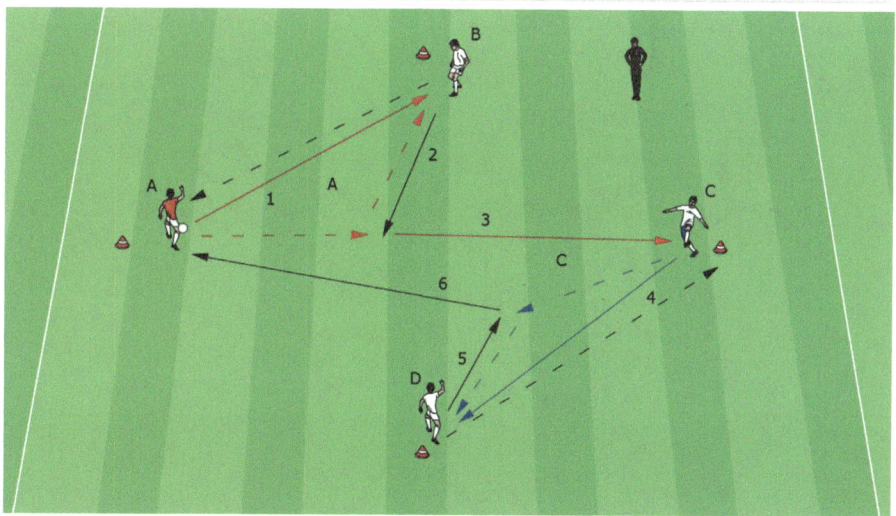

## 4.2 菱形：变化方式

### 组织

这是菱形传球训练的一种变化方式。接球队员不再与传球队员互换位置，而是直接跑向下一个传球队员的位置。A1 向 B1 传球，接着跑到菱形的中心。B1 直接向 A1 传球，接着跑到 C1 的位置。A1 直接向 C1 传球并取代 B1 的位置。C1 直接向 D1 传球，接着跑到菱形的中心。D1 直接向 C1 传球，接着跑到 A1 的位置。C1 直接将球传给 A2 并取代 D1 的位置。

### 变化方式

- 从右侧开始训练。

### 提示和建议

- 注意传球的准确性并使用双脚传球。
- 地面传球。
- 使用跑动假动作。

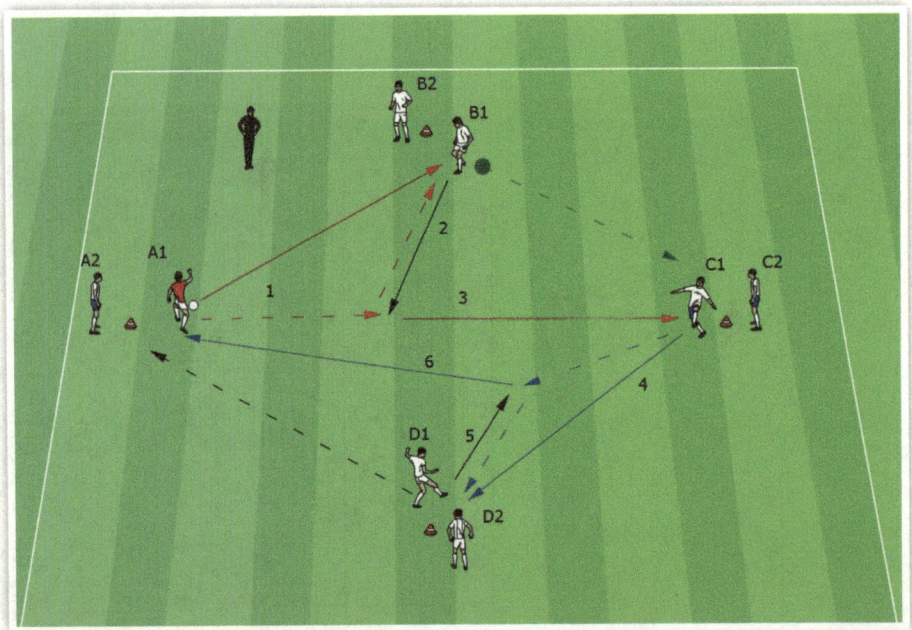

## 4.3　菱形：有对手参与的变化方式

### 组织

　　这是在菱形中进行的目标训练。在开始传切之后，传球队员 A1 在完成高空球传球之后，对下一个传球队员 C1 进行逼抢。接下来是二过一传球。A1 传球给 B1 并跑到菱形的中心。B1 直传给 A1 并跑到 C1 的位置。A1 直接将球传给 C1 并跑到 B1 的位置。C1 直接将球传给 D1 并跑到菱形的中心。D1 将球直传给 C1 并跑向 A1 的位置。C1 直接将球传给 A2 并跑到 D1 的位置。

### 变化方式

- 从右侧开始训练。
- 传球队员使用二过一的假动作并带球过掉防守队员。

### 提示和建议

- 传球队员只有在防守队员距离足够近的情况下才可以直接传球，否则，他要在短暂控球后进行二过一传球。
- 使用跑动假动作。

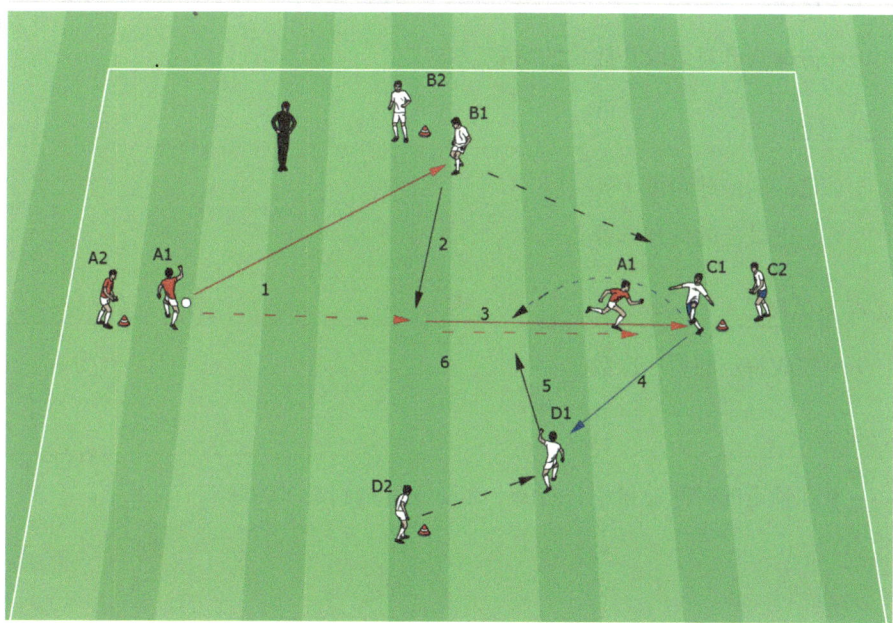

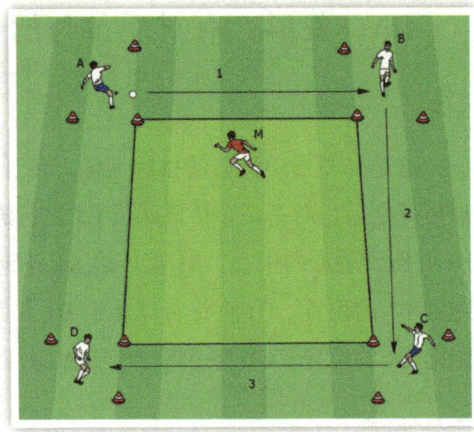

# 5 跑位比赛

## 通道 4 v 1 训练

### 组织

4 名队员在通道里传球。在第一个训练阶段，他们可以有两次触球的机会；在第二个训练阶段，他们只有一次触球的机会。防守队员可以进入通道抢球。

### 提示和建议

- 场地的大小和通道的宽窄取决于队员的技术水平。越小的场地和越窄的通道对于传球队员而言难度会越高。
- 根据防守球员采用的防守方式，传球队员选择最安全的方式传球。
- 在理想情况下，传球队员使用右脚按顺时针传球，以及使用左脚按逆时针传球。
- 传球队员要采取开放式的站姿。

### 训练目标

- 可靠的传球角度（90°）。
- 识别最佳的传球选择。

### 比赛方式

- 完成特定的传球次数。

### 变化方式

- 在预定的时间总量中，看哪一名防守者抢到最多的球。

## 4 v 1 菱形训练

### 组织

4 名队员以两次触球（初学者）或一次触球（水平较高的队员）的方式通过正方形场地彼此进行传球。球必须通过正方形场地。正方形场地外的队员不能离开自己的区域。正方形场地内的队员可以任意跑动。

### 提示和建议

- 开放式的站姿。
- 清楚所有的选择。
- 摆脱对手的防守范围。

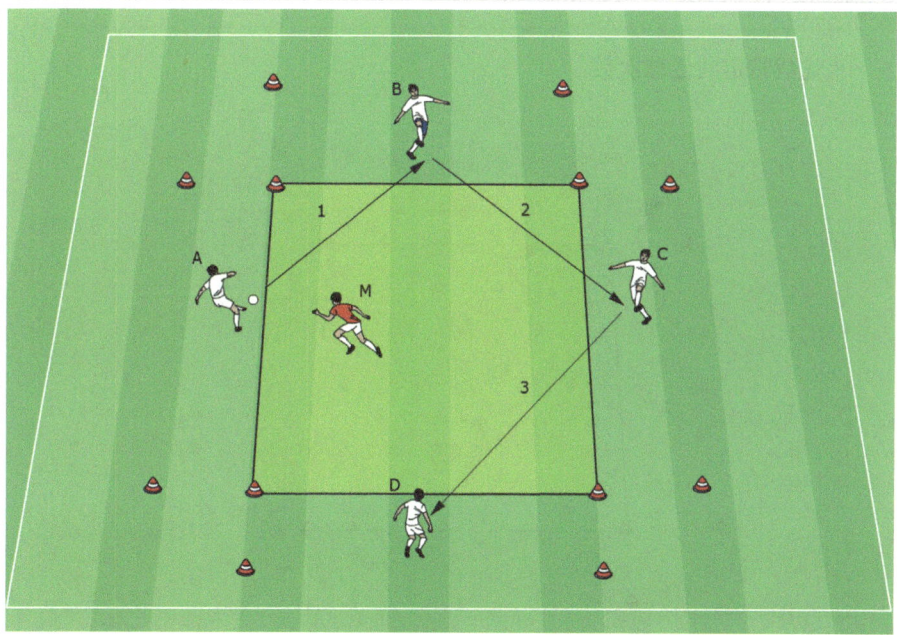

## 3 v 1 通道训练

### 组织

3 名球员在通道上彼此进行传球。正方形场地的一个角始终是开放的。接球队员启动跑向那个开放的角，控球队员必须始终有两种传球的选择。中间正方形场地内的队员尝试以聪明的跑动方式拦截球。

### 提示和建议

- 场地的大小和通道的宽窄取决于球员的技术水平。场地越小，通道越窄，对正方形场地外的队员来说难度越大。
- 传球的队员完全自由，不必非要尝试摆脱防守不可。

### 训练目标

- 学习如何摆脱防守，跑到开放的区域。
- 可靠的传球。
- 摆脱对手的防守范围。
- 聪明的防守。

### 比赛方式

- 完成特定的传球次数。

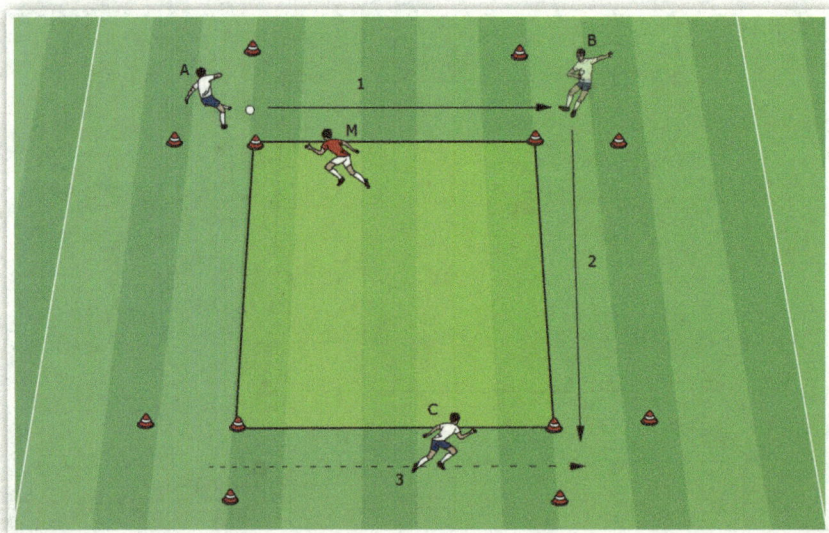

## 3+1 v 1 通道训练

### 组织

　　3 名正方形场地外的队员或者通过通道彼此传球，或者传球给正方形场地内的队友。有一名防守队员试图通过聪明的跑位断球。

### 提示和建议

- 场地的大小取决于球员的技术水平。场地越小，正方形场地外的队员传球难度就越大。

### 训练目标

- 摆脱防守。
- 可靠的传球。
- 识别最佳的传球选择。
- 摆脱对手的防守范围。
- 聪明的防守。

### 比赛方式

- 完成特定的传球次数。

### 变化方式

- 两次触球（初学者）或一次触球（水平较高的球员）。

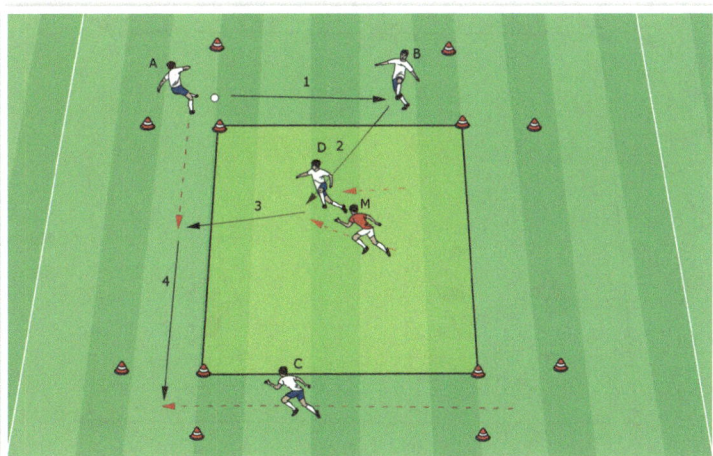

## 正方形场地 3 v 1 训练

### 组织

　　3 名队员在正方形场地内相互之间自由地传球。对方的 1 名球员试图抢到球。正方形的边长（5 米 ~10 米）取决于球员的技术水平。

### 变化方式

- 不限次数触球。
- 两次触球。
- 2~3 次强制性触球。
- 一次触球。

### 提示和建议

- 主要原则：传球队员总是用最短的路径来摆脱对手的防守范围。
- 用手来进行手球比赛也不错：练习摆脱防守。

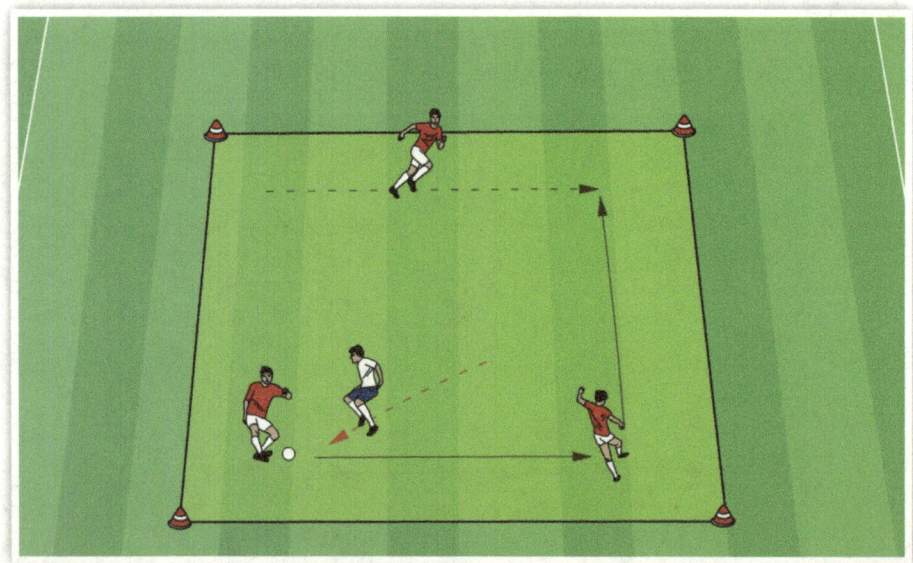

## 3 v 1+1 转移训练

### 组织

在第一个正方形场地内的队员进行 3 v 1 训练。在第二个正方形场地内，1 名队员等待边锋队友的传球。传球后，2 名队友立刻跑向第二个正方形场地，与刚接到球的第四名队友一起在第二个场地上进行 3 v 1 训练。第一个正方形场地内的防守队员跑进第二个场地防守。

### 变化方式

- 在 2 个正方形场地之间设一条通道。
- 两次触球。
- 一次触球。

### 训练目标

- 纵深向前传球。
- 跑过场地支持队友（向前移动）。
- 三角形阵型。
- 转移打法。

### 提示和建议

- 第四名队员要尽可能地拉开到场地最后面的位置并随时做好准备。
- 增加间歇休息的次数，提高强度。

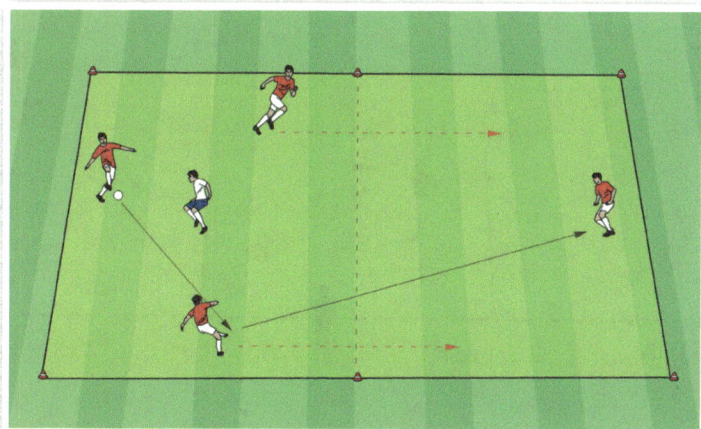

## 3+2 v 1

### 组织

在中间的正方形场地里进行 3 v 1 训练。2 名队友站在两侧的正方形场地里，一次转移后，2 名队员立刻跑到另外两个场地中的一个进行新的 3 v 1 训练。防守队员进行追赶并继续防守。传球失误的队员转换为防守队员。

### 训练目标

- 纵深向前传球。
- 转移并移动向前。
- 三角形阵型。

### 变化方式

- 在两个正方形场地之间设一条通道。
- 两次触球。
- 一次触球。

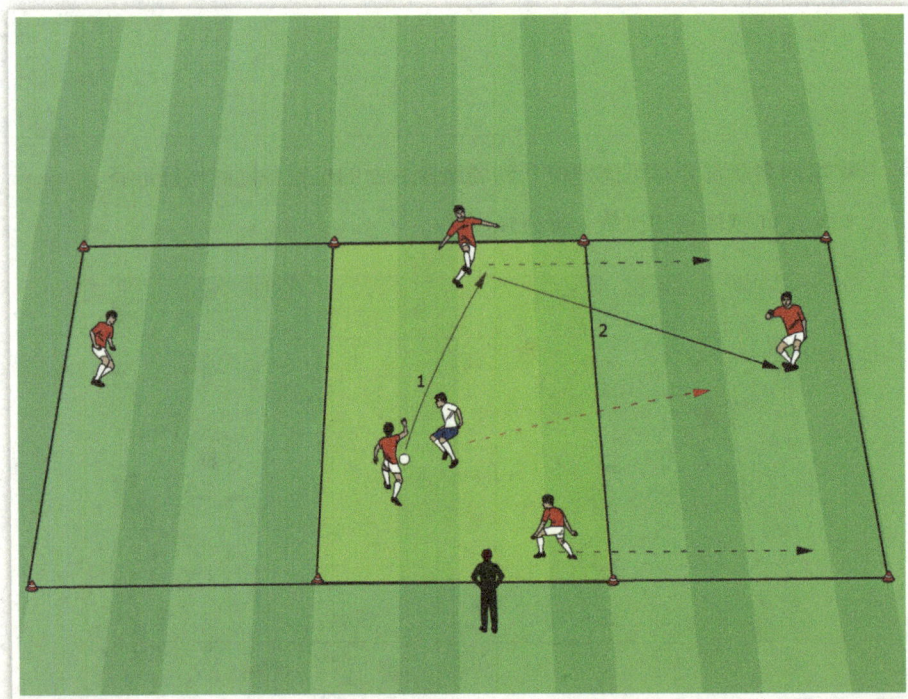

## 3 v 1 团队比赛

### 组织

　　3 名红队队员在场地的一边与 1 名蓝队队员对抗。其他 2 名蓝队队员在场地的右边等候。左边的蓝队队员触到球或者红队失误时，教练传球给右边场地上的其中 1 名蓝队队员。左边的蓝队队员跑到右边场地支持自己的队友。1 名红色队员变为防守队员跑到右边场地逼抢 3 名蓝队队员。

### 变化方式

- 在球门线位置放置一些球,这样就可以在没有教练传球的情况下进行训练。

### 训练目标

- 纵深向前传球。
- 转移并移动向前。
- 三角形阵型。

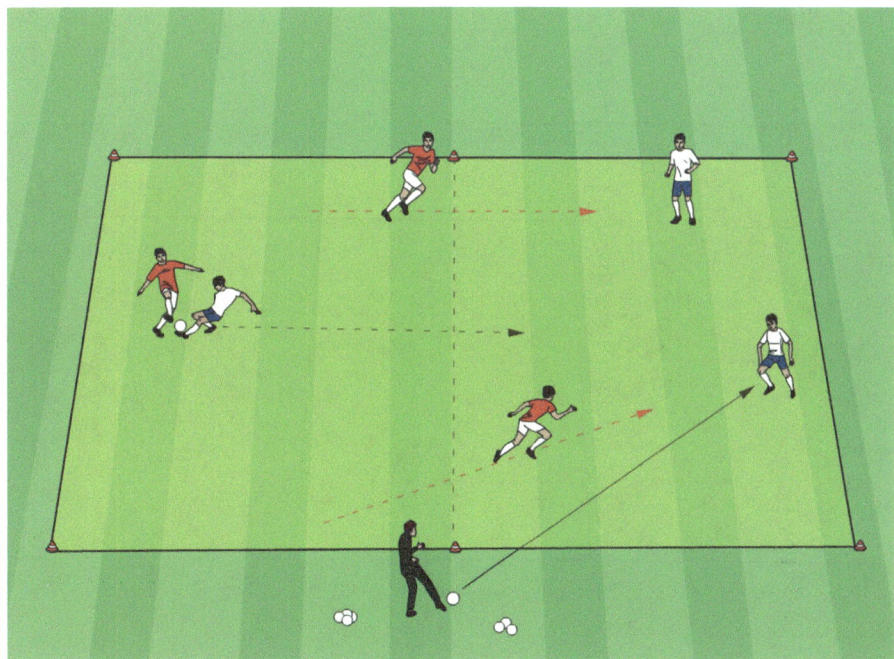

## 3 队 –3 色 3 v 1 训练

### 组织

　　三支球队分开站在 7 米 ×7 米的正方形场地里。每支球队有 3 名运动员。教练将球踢到左边的启始场地 A 里。中间球队的 1 名队员从中间场地 B 跑进场地 A 进行抢断。在完成 10 次传球之后，白队将球转移到场地 C，白队得 1 分。在中间场地 B 里的队员不可以拦截转移的球。当出现失误（防守队员碰到球）时，任务发生改变。红队队员跑进左边场地 A，而白队队员跑进中间场地 B。教练立刻将球传到右边场地，接着 1 名白队队员跑进场地 C 进行抢断。

　　看哪个队能做出的转移次数最多。

### 变化方式

- 4 v 2。
- 5 v 3。

### 提示和建议

- 转移。
- 短传。

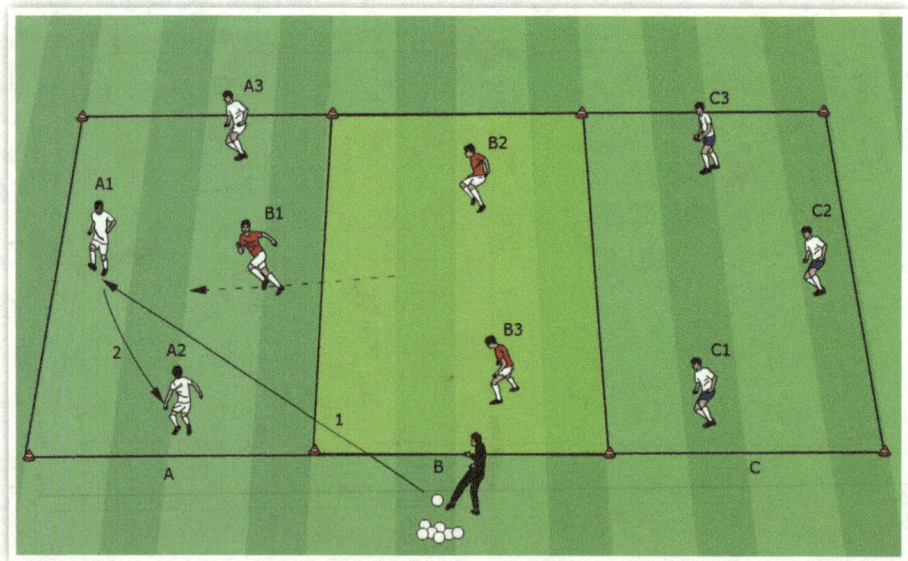

## 4+1 v 2 训练

### 组织

　　4 名正方形外的队员从各自区域通过正方形场地传球，或者彼此传球，或者传球给正方形场地内的队友。中间的 2 名防守队员试图一起抢得球权。正方形场地内的队员不能跑出界。

### 变化方式

- 两次触球或一次触球。

### 提示和建议

- 场地的大小取决于球员的技术水平。场地越小，正方形外的队员难度就越大。
- 中场的队员必须一直寻找空当并与外围队员保持三角形阵型。

### 训练目标

- 三角形阵型。
- 可靠的传球。
- 摆脱防守 。
- 识别最佳的传球选择。
- 摆脱对手的防守范围。

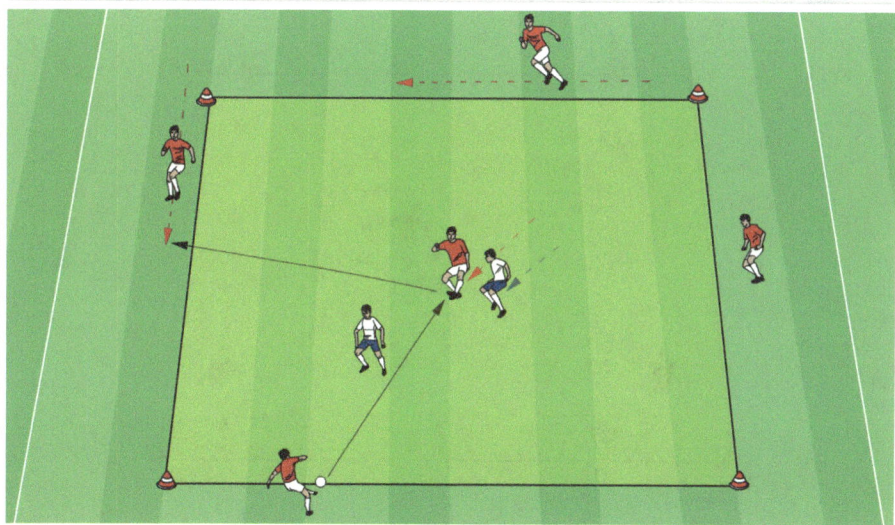

## 5 v 2 训练

### 组织

5 名队员与 2 名防守队员对抗。

### 变化方式

- 根据队员的技术水平限定触球次数。
- 必须两次触球。

### 提示和建议

- 为控球队员创造多个传球选择。
- 三角形阵型。
- 开放的站姿。

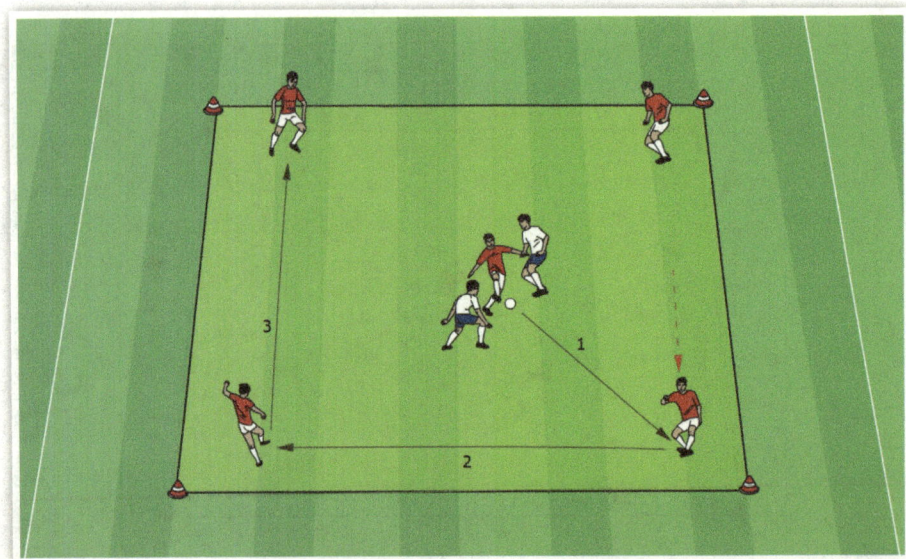

## 5+1 v 2 转移训练

### 组织

在左边场地，队员在没有触球次数限定的情况下进行 5 v 2 训练。在将球转给另一场地内的球员 F 后，4 名进攻队员和 2 名防守队员跑到另一个场地进行另一项 5 v 2 训练。1 名队员站在左边场地等待下一次转移传球失误的进攻队员变换为防守队员，防守队员中防守时间长的那个变换为进攻队员。

### 变化方式

- 两次触球。
- 一次触球。
- 球员穿着 3 种不同颜色的衣服进行 5 v 2 训练（类似于 3 v 1）。
- 5 v 2 团体赛（类似于 3 v 1）。

### 提示和建议

- 转移并移动向前。
- 在另一个场地等待的队员要不断地调整自身站位。
- 为控球的队员创造多个传球选择。
- 三角形阵型。
- 开放的站姿。

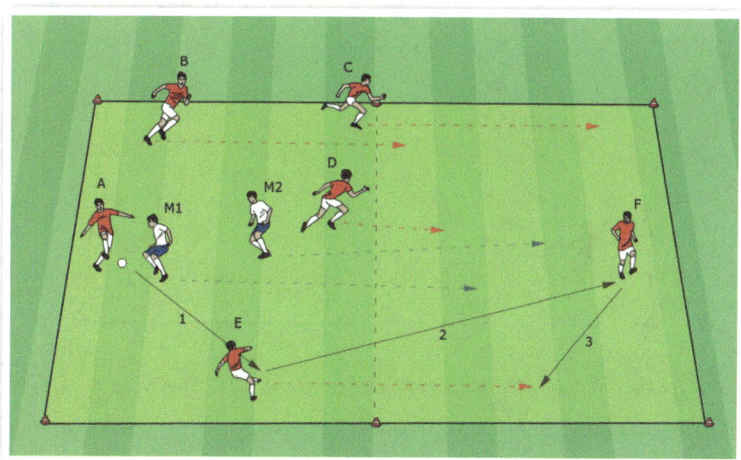

67

## 4 v 2 训练

### 组织

4 名进攻队员在正方形（10 米 × 10 米）的场地里彼此之间相互传球。2 名防守队员进行防守拼抢。传球失误的进攻队员变换为防守队员，防守队员中防守时间长的那个变换为进攻队员。

### 变化方式

- 两次触球。
- 一次触球（水平较高的球员）。

### 提示和建议

- 队友必须为带球的队员创造尽可能多的传球线路。
- 摆脱对手的防守范围。
- 跑向空当。

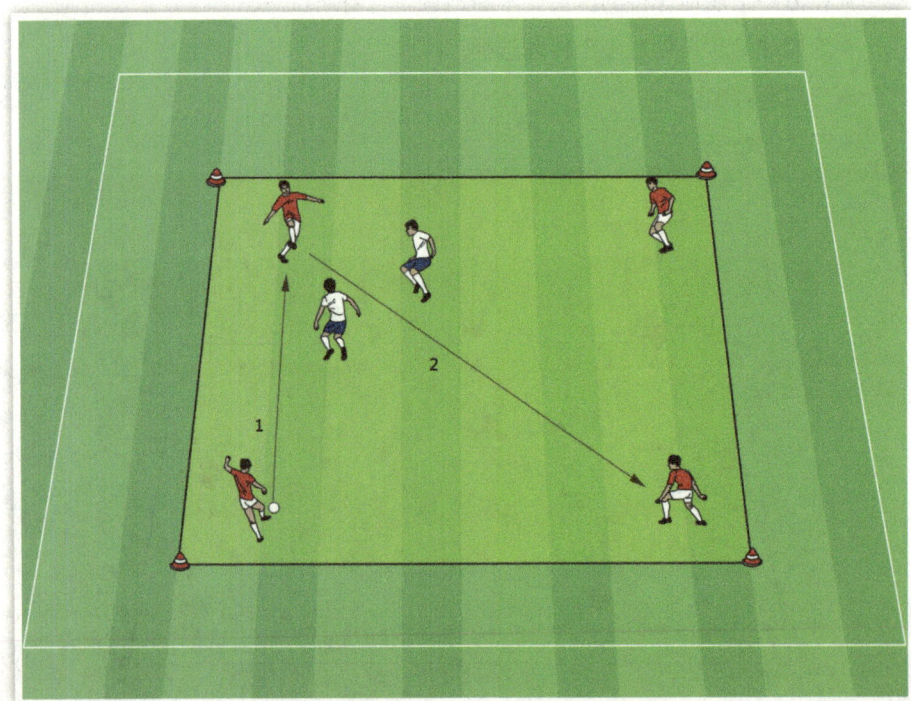

## 6 v 3 训练

### 组织

球员进行 6 v 3 训练。传球失误的进攻队员变换为防守队员，防守队员中防守时间长的那个变换为进攻队员。

### 变化方式

● 两次触球。

● 一次触球（水平较高的球员）。

### 提示和建议

● 充分利用好场地——最好是 4 名队员分别靠近 4 条边线，2 名队员在场地中间。

● 进攻队员保持开放的站姿。

● 三角形阵型。

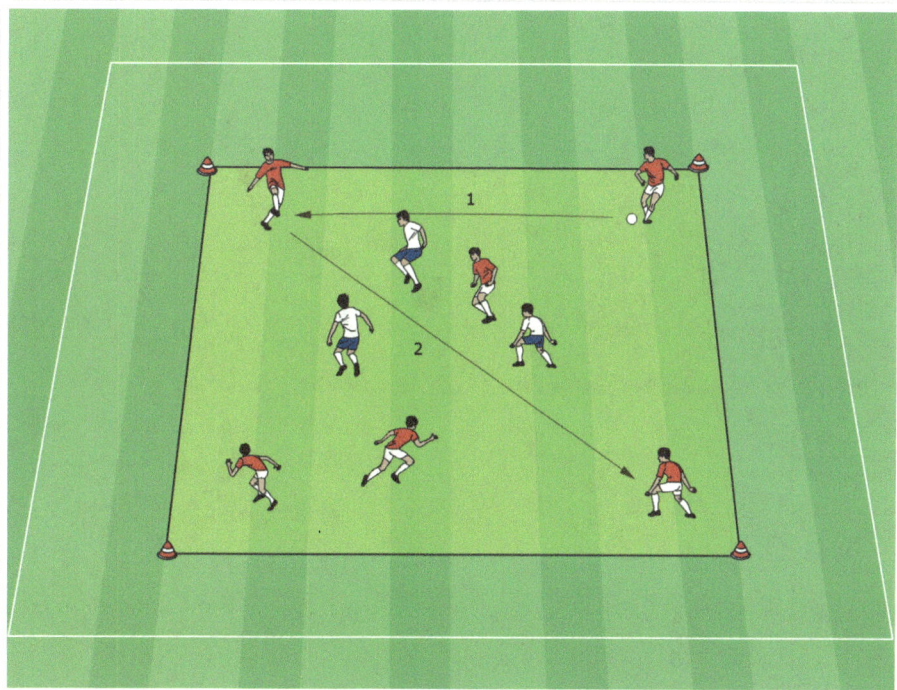

## 5 v 3 训练

### 组织

球员进行 5 v 3 训练。传球失误的进攻队员变换为防守队员，防守队员中防守时间长的那个变换为进攻队员。

### 变化方式

● 两次触球。

### 提示和建议

● 充分利用好场地——最好是 4 名队员分别靠近 4 条边线，1 名队员在场地中间。

● 进攻队员保持开放的站姿。

● 场地中间的队员协助保持三角形阵型。

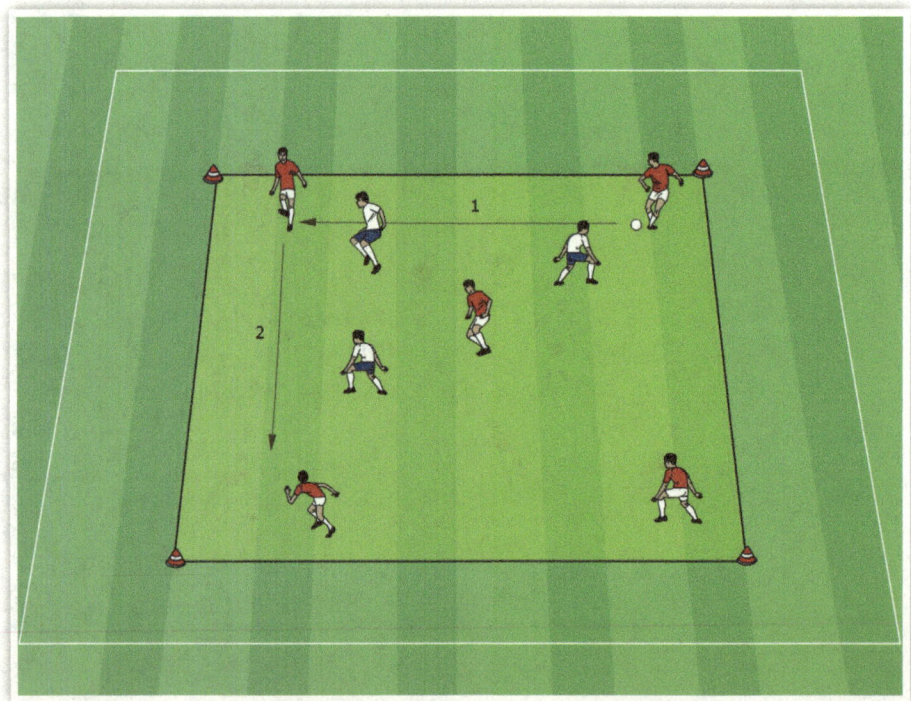

## 3 v 3+2 名中立队员

### 组织

球员在正方形（19 米 × 19 米）场地上进行 3 v 3 对抗，另有 2 名中立球员。中立球员总是协助控球的一方，并在预先设定好的一段时间后与其他球员交换任务。在完成一定次数的传球之后，控球一方可得 1 分。

### 变化方式

- 触球次数取决于球员的技术水平（不限次数、三次触球、两次触球、一次触球）。

### 提示和建议

- 攻转守转化要迅速，反之亦然。
- 充分利用好场地。
- 进攻队员保持开放的站姿。
- 中间的队员协助保持三角形阵型。

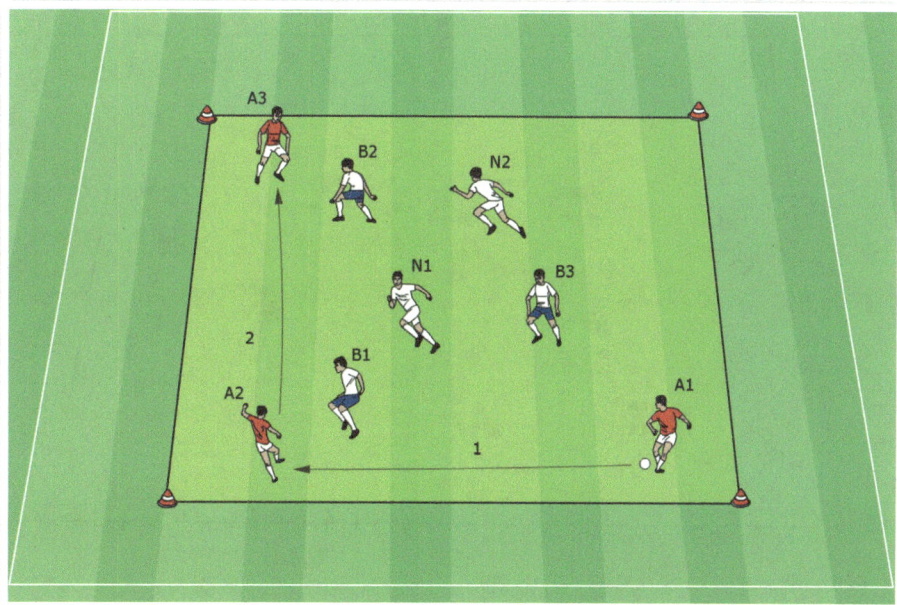

## 4 v 4+2 名中立球员

### 组织

球员在长方形场地（29 米 × 19 米）上进行 4 v 4 对抗，另有 2 名中立球员。在完成一定次数的传球之后，控球一方可得 1 分。

训练时间是 5×3 分钟。每名队员都要轮流当一次中立球员。

### 提示和建议

- 利用好场地的深度和宽度。
- 开放的站姿。

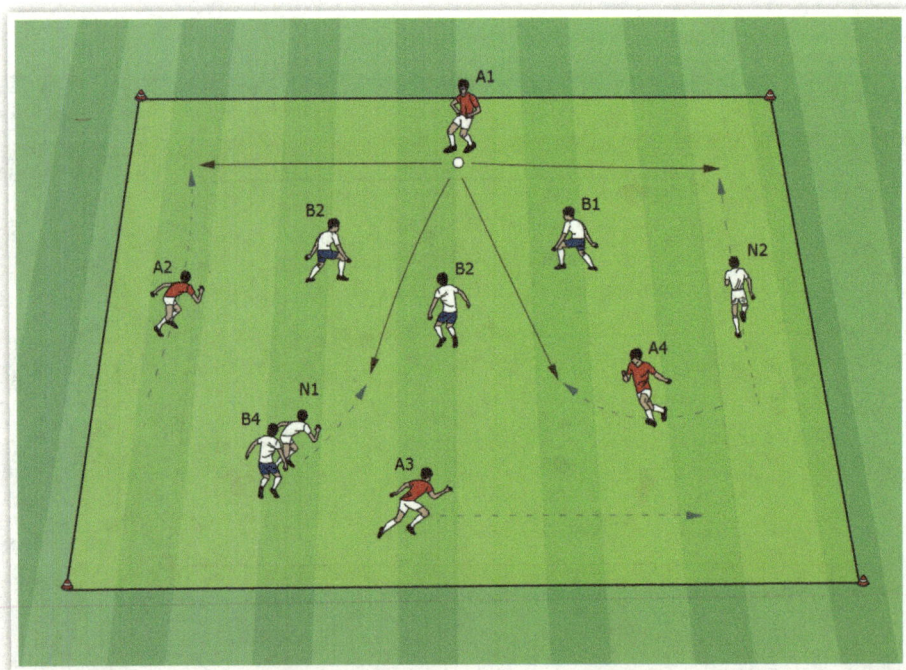

## 球员着 4 种颜色服装进行 6 v 2 训练

### 组织

6 名进攻队员（三对：红色衣服、灰色衣服、白色衣服）对抗穿蓝色衣服的队员。当出现失误时，传球失误队员以及同样颜色球服的队员变为防守方。

### 变化方式

- 防守的那对队员必须要完成两次触球（1 名队员两次触球或者一次传球给同伴）才能转换为进攻方。
- 赢回球权的机会是：压迫。
- 不可以向穿相同颜色的队员传球（变成 5 v 2 情形）。
- 球员着 4 种颜色服装进行 9 v 3 训练。
- 球员着 4 种颜色服装进行 12 v 4 训练。

### 提示和建议

- 提高注意力和动作速度。
- 利用好场地的深度和宽度。
- 开放的站姿。

## 球员着3种颜色服装进行6 v 3 训练

### 组织

6名进攻队员（每组3名，分2组，分别穿红色和白色衣服）在长方形场地（19米 × 29米）上与穿蓝色衣服的3名队员对抗。当出现失误时，传球失误的3名队员变为防守方。获得球权后的第一次传球不能抢。

### 变化方式

- 一方获得球权后，对抗继续进行（立即转换）。
- 防守方的队员必须要完成两次触球（1名队员两次触球或者一次传球给同伴）才能转换为进攻方。
- 赢回球权的机会是：压迫。

### 专业级

- 只能传球给不同颜色衣服的球员。
- 6 v 3时，跟自己同色衣服的队友间传球不限触球次数，与其他颜色球员间传球只能一次触球。

### 提示和建议

- 保持注意力和动作速度。
- 利用好场地的深度和宽度。
- 开放的站姿。

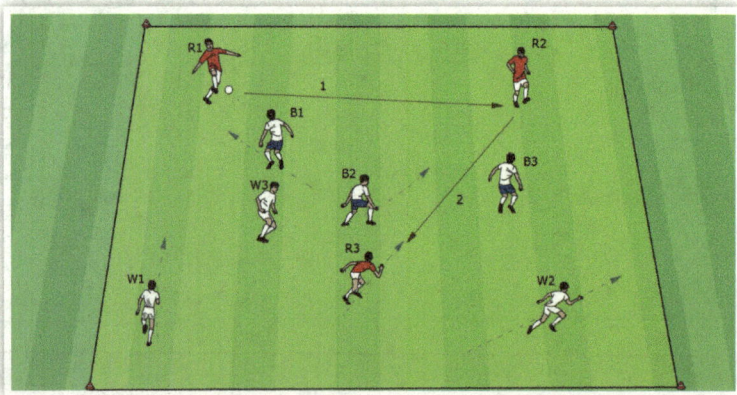

## 球员着 3 种颜色服装进行 8 v 4 训练

### 组织

8 名进攻队员（每组 4 名，分 2 组，分别穿红色和白色衣服）在长方形场地（29 米 × 38 米）上与穿蓝色衣服的 4 名队员对抗。在出现失误时，传球失误的 4 名队员变为防守方。获得球权后的第一次传球不能抢。

### 变化方式

- 一方获得球权后，对抗继续进行（立即转换）。
- 防守方的队员必须要完成两次触球（1 名队员两次触球或者一次传球给同伴）才能转换为进攻方。
- 赢回球权的机会：压迫。

### 专业级

- 只能传球给不同颜色衣服的球员。
- 8 v 4 时，跟自己同色衣服的队友间传球不限触球次数，与其他颜色球员间传球只能一次触球。

### 提示和建议

- 提高注意力和动作速度。
- 利用好场地的深度和宽度（2 名队员站在长方形场地的两条长边位置，1 名队员站在短边位置，2 名队员站在场地中间位置）。

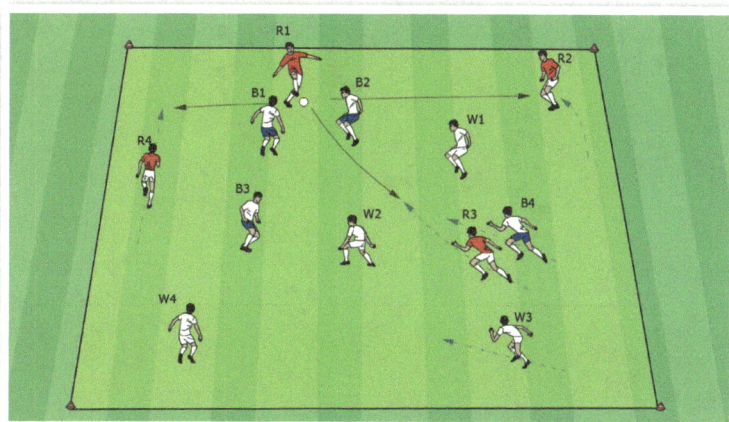

## 4 v 4 +4 名场外中立球员

### 组织

球员在正方形场地（29 米 ×29 米）上进行 4 v 4 训练。在正方形场地外面，4 名中立球员总是协助控球一方中立球员，不能相互传球。在预先设定好的一段时间（3~4 分钟）后，场地内的其中一组 4 人与场外的中立组 4 人交换。

### 变化方式

- 中立球员只能相互间传球一次。
- 限定触球次数，特别是场外球员。

### 提示和建议

- 对场地内连续两次进行对抗的一组来说，积极恢复是非常重要的。
- 保持三角形阵型，特别在将球传给场外球员之后。
- 获得球权后立即转换。

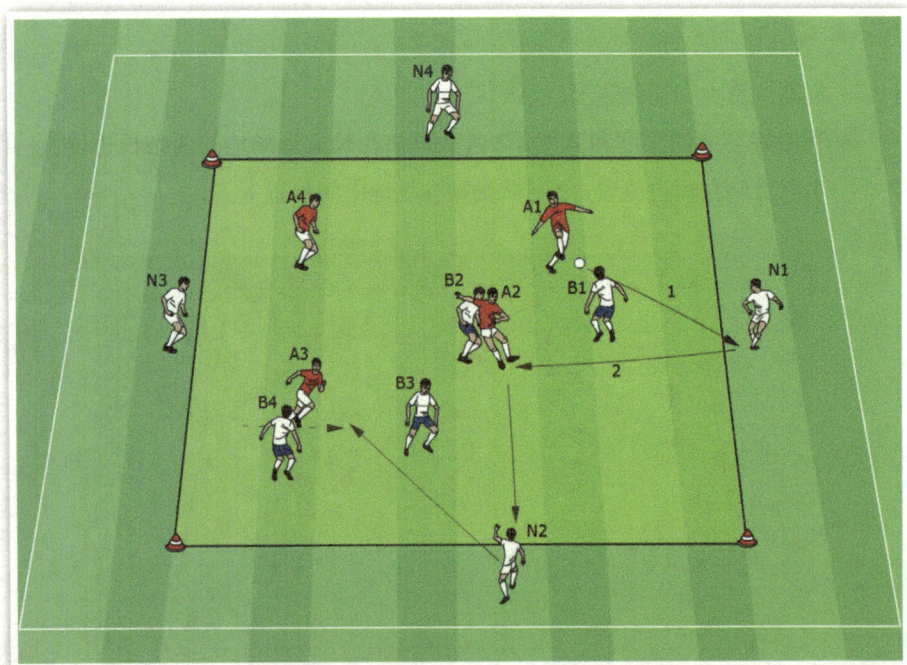

## 在正方形场地进行 4+2 v 4+2 训练

### 组织

运动员在中间的正方形场地进行 4 v 4 训练。每支球队有 2 名场外队员。4 名场内队员与 2 名场外队员一起努力保持控球权。

### 变化方式

● 己方球队里，场外队员可以与场内队员进行一次位置互换。场外队员接球后，将球传给场内队员后或带球进入场内后，1 名场内队员与他互换位置。

### 计分方式

● 10 次传球 =1 分。

### 提示和建议

● 提高注意力和动作速度。

● 位置轮换。

● 保持三角形阵型。

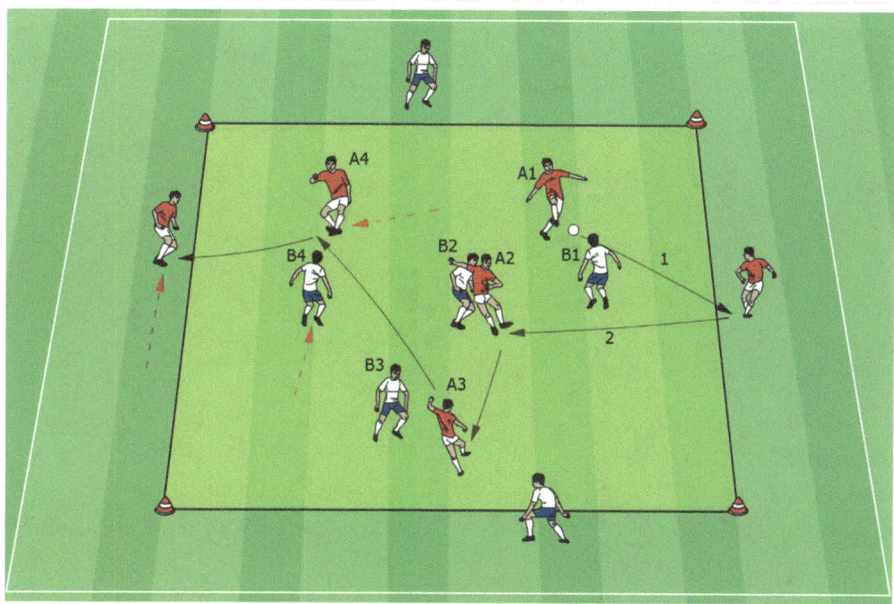

## 在正方形场地进行 4+4 v 4+4 训练

### 组织

　　类似于之前的训练，但是在这个训练中，正方形场地的边线被分成两段。穿红色衣服的队员和穿蓝色衣服的队员依次站在那里。场内的 4 名队员与他们场外的 4 名队友一起控制球。

### 变化方式

- 5+4 v 5+4。
- 3+4 v 3+4。
- 场内球员两次触球，场外球员一次触球。
- 场外球员可以相互传球一次。
- 场外队员和场内队员交换位置。.
- 传给第三个队员（场外队员不可以将球回传给传球的队友）。

### 提示和建议

- 在将球传给场外队员之后，场内队员站位呈三角形（三角形阵型）。
- 提高注意力和动作速度。

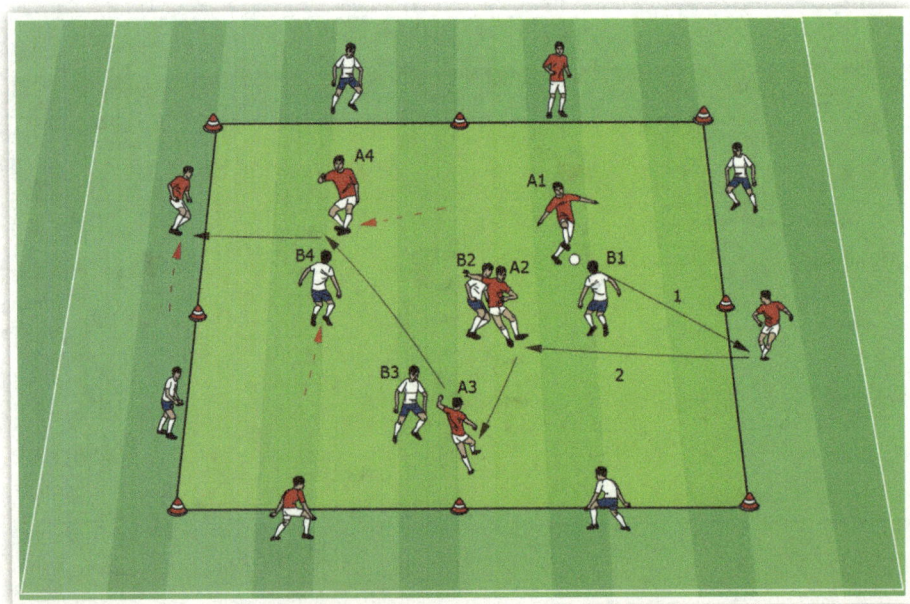

## 5 v 5+4 名站在边线的中立队员

### 组织

球员在长方形的场地（59 米 × 39 米）上进行 5 v 5 训练。控球的一组与处在靠近正方形四条边线但是在边线内的 4 名中立球员一起控制球。

### 变化方式

● 限定触球次数，特别是中立球员。

### 提示和建议

● 使用守门员作为中立球员。
● 通过短传和长传转移并向前移动。
● 在球的附近制造人数优势。

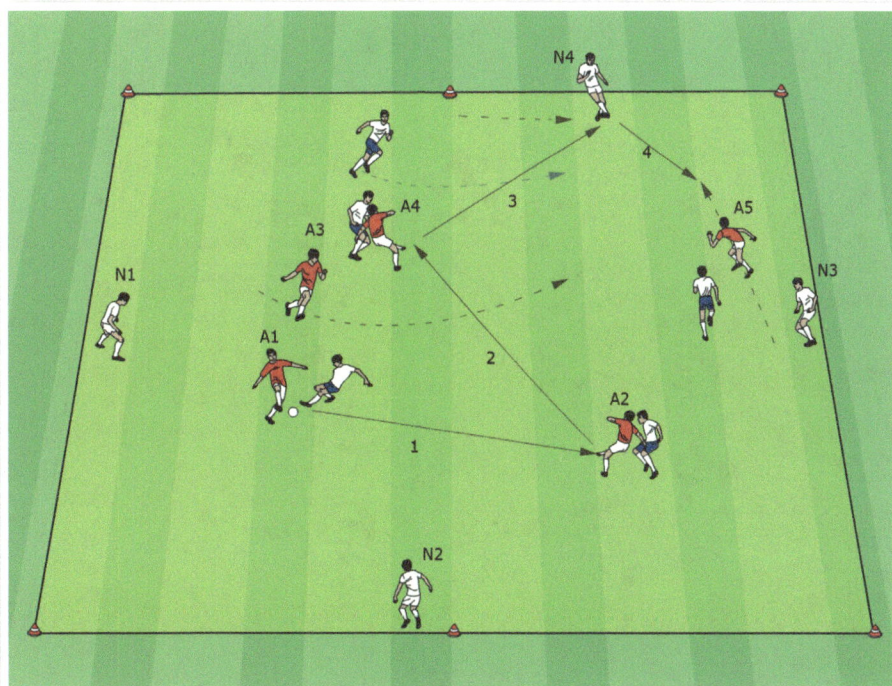

## 在长方形场地进行 5 v 5+3 名中立球员的训练

### 组织

　　球员在长方形场地（59 米 × 39 米）上进行 5 v 5 对抗，另有 3 名中立球员。这样进攻一方占有 8 v 5 的人数优势。

### 变化方式

- 限定触球次数，特别是中立球员。

### 提示和建议

- 转移。
- 在球的附近制造人数优势。
- 守转攻转换要迅速，反之亦然。

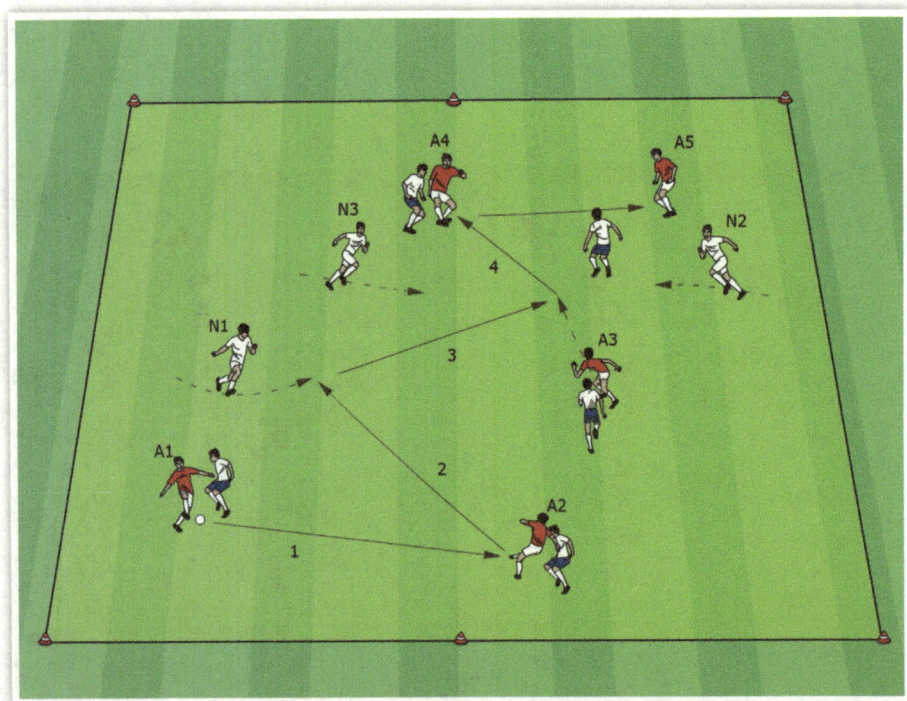

## 5+2 v 5+2 训练

### 组织

球员在场地（39 米 × 29 米）上进行 5 v 5 训练。在场外的每一端，分别站立 1 名队友和 1 名对手。控球的球队保护球，并且完成 10 次传球可以得 1 分。场外队员之间完成传球配合（2~4 次传球）可以得 3 分。

### 变化方式

- 场内和场外队员可以交换位置。

### 提示和建议

- 转移。
- 快速将球传至场地另一端。
- 护好球。

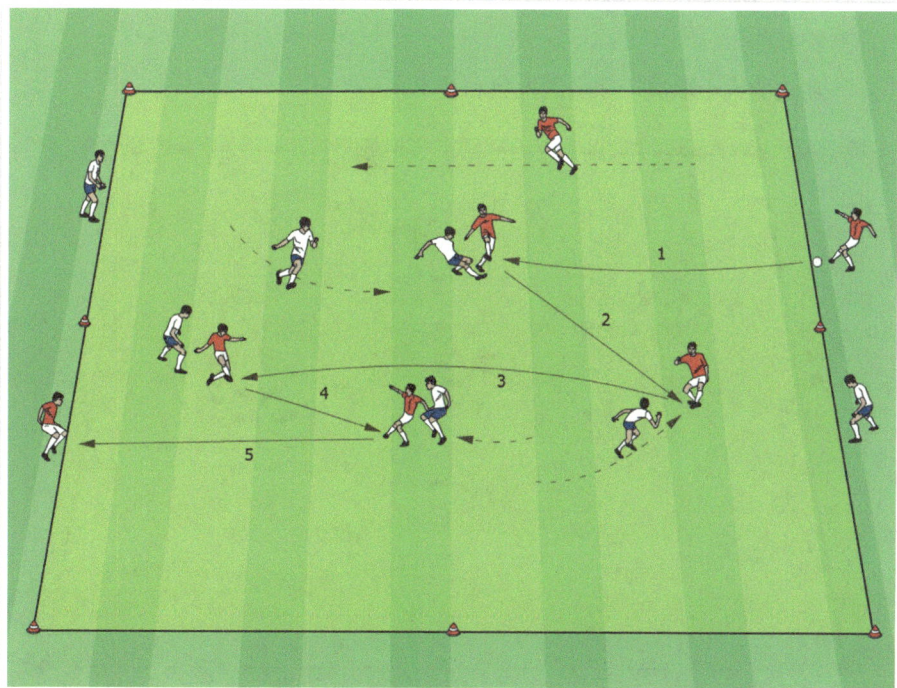

## 在目标区域进行 5 v 5+2 名中立球员的训练

### 组织

球员在场地（39 米 × 29 米）上进行 5 v 5 训练。2 名中立球员站在场地两端。控球的球队在不被对手触球的情况下完成 10 次传球可以得 1 分。如果有一队能够让中立的场外球员彼此之间完成传球配合（2~4 次传球），那么可以得 3 分。

### 变化方式

- 2 v 2。
- 3 v 3。
- 4 v 4。
- 6 v 6。
- 7 v 7。

### 提示和建议

- 转移。
- 快速将球传至另一端。
- 护好球。
- 场地的大小取决于球员的人数和技术水平。

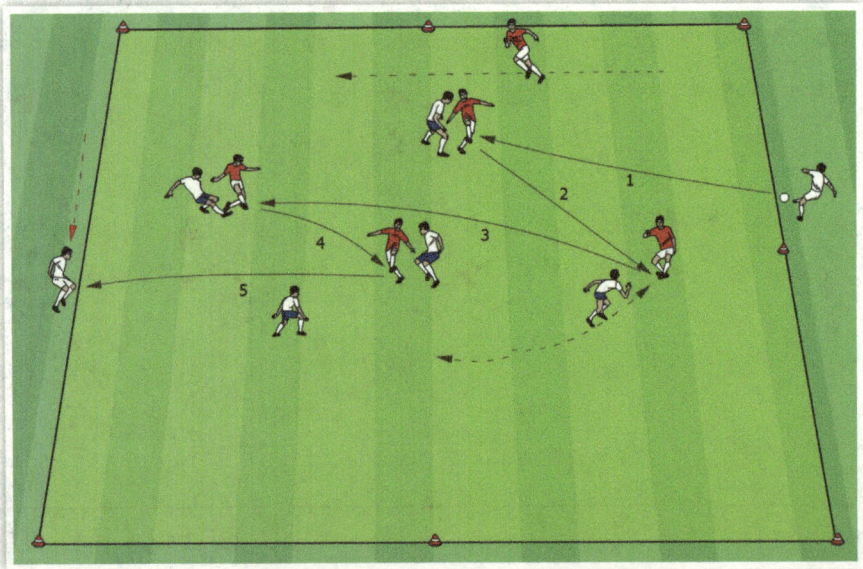

### 阶段 1：在 1/8 大小的场地上进行 8 v 2 训练

**组织**

红队开始进行 8 v 2 的对抗，并尝试在 1/8 大小的场地上尽可能长地保持控球权。失去球权后，记录下红队的控球时间。接着，改变训练任务。如果 2 名蓝队队员无法在 60 秒内抢到球，那么将 8 v 2 的训练改变为在 1/4 大小的场地上进行 8 v 4 的训练。

**变化方式**

- 防守队员必须先相互间传一次球，才算赢得球权。
- 限定进攻队员两次触球或一次触球。

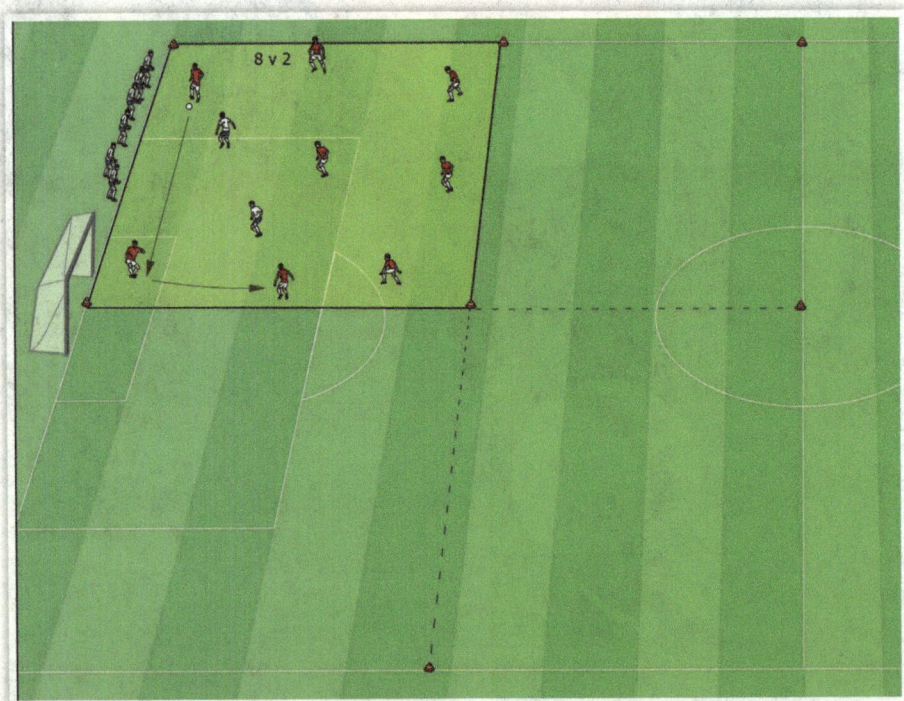

阶段 2：在 1/4 大小的场地上进行 8 v 4 训练

## 组织

在阶段 2 中，球员进行 8 v 4 的训练。如果 4 名防守队员都无法在 30 或 60 秒内抢到球，那么开始阶段 3 的训练。

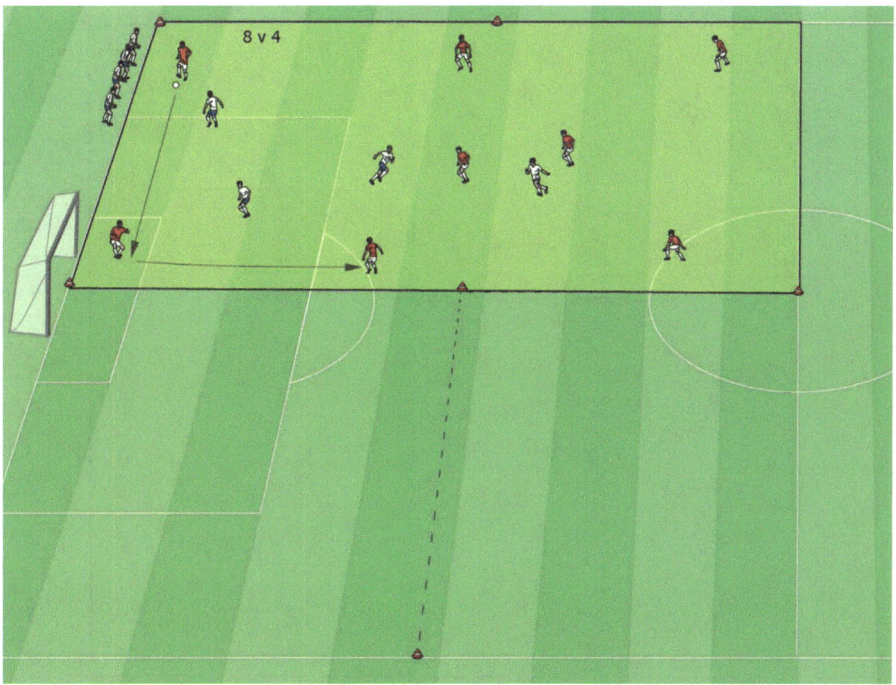

## 阶段3：在1/2大小的场地上进行8v6和8v8训练

组织

在阶段3中，6名防守队员对抗8名进攻队员。如果6名防守队员无法在30或60秒内抢到球，那么进攻队员可以进入阶段4的训练。

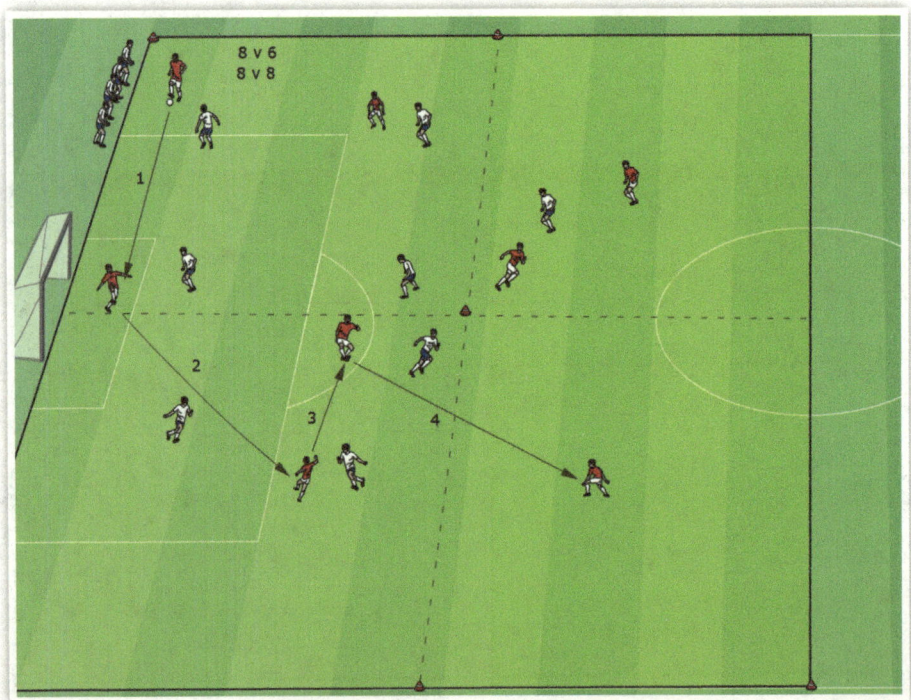

## 阶段 4：在半场进行 8 v 8 训练

最后的阶段是 8 v 8 训练。看进攻队员能够保持控球权多长时间。当防守队员抢到球时，教练可以停止计时。控球时间最长的球队获胜。

提示和建议

- 在不同大小的场地和面对不同对手人数的情况下保护控球权。
- 不断增加球员的人数。
- 推荐使用秒表。

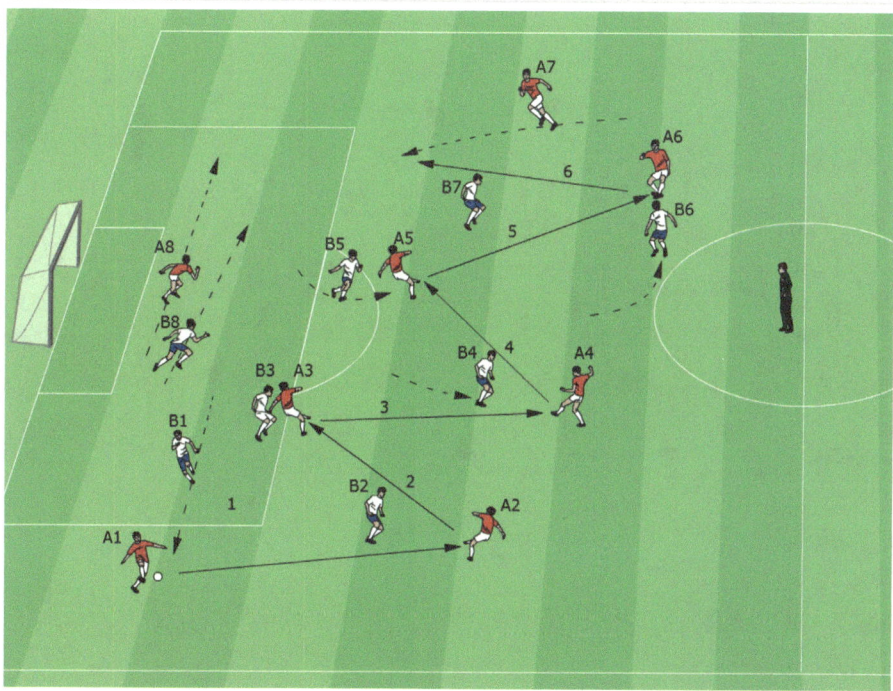

## 争夺控球权的 8 v 8 训练

### 组织

球员在 1/2 场地上进行 8 v 8 训练。连续 8 次传球可以得 1 分。

### 变化方式

- 看谁能够在一定的时间里保持控球权（例如 30 秒）。

### 提示和建议

- 保护控球权。
- 摆脱防守。
- 充分利用整个场地。
- 在球的附近创造人数优势。
- 为控球队员创造尽可能多的传球选择。

# 设置 9 个标志桶球门的 8 v 8 训练

## 组织

2 支球队在设置了 9 个标志桶球门（无人防守的球门）的 1/2 场地上进行 8 v 8 训练。当球员运球穿过球门线时，就是有效得分。

## 其他得分方式

- 将球穿过一个球门传给队友，队友随后还能平稳地控制好球。
- 将球穿过一个球门传给队友，队友再一次触球并将球传给第三名队友，随后第三名队友还能平稳地控制好球。
- 三种不同的得分方式组合获得不同的分数（运球过线得 1 分，传球过线得 2 分，传球过线队友再一次触球传给第三名队友得 3 分）。

## 变化方式

- 设置 8 个球门，进行 7 v 7 训练（球门的数量永远要比一队的人数多一个）。

## 提示和建议

- 良好的注意力和动作速度。
- 保护控球权。
- 迅速转移以找到无人防守的球门。
- 制造人数优势。

## 9 v 7（"开放和封闭"）训练

### 组织

　　球员在长方形场地（39 米 × 29 米）上进行 3 v 7 训练。3 名场内队员在站在场地长边的 4 名队友以及站在场地短边的 2 名中立球员的帮助下保护控球权。3 名场内队员没有触球次数的限制，所有场外球员只可两次触球或一次触球。站在场地两侧的 2 名场外球员不能相互传球，场外的球员可以相互传球。如果 7 名蓝队队员抢到球，那么 4 名蓝队队员必须离开场地，跑到 4 名场外球员的位置上，而其他 3 名蓝队队友则留在场上。4 名场外的红队队员跑进场地帮助场内的 3 名队友抢回球权。

### 提示和建议

- 在赢得控球权之后，很重要的是保护好球以及在场地外面的长边的快速就位。建议获得球权后，将第一次传球传给场外的中立球员。
- 在丢球之后，丢球一方的目标是立刻向对方 3 名场内球员集体压迫。
- 在离开场地时，采用最短路径原则。
- 练习自身的注意力。
- 球员间互相提醒。

## 利用触球次数设定训练目标

在以多打少且有中立球员参加的训练中，教练可以通过改变允许触球的次数来改变训练的重点。

| 球员 | 中立球员 |
|---|---|
| 不限次数 | 不限次数 |
| 不限次数 | 两次触球 |
| 不限次数 | 一次触球 |
| 三次触球 | 两次触球 |
| 两次触球 | 一次触球 |
| 一次触球 | 不限次数 |
| 一次触球 | 不限次数 |
| 一次触球 | 一次触球 |

### 后续结果

- 球员必须评估谁最需要支持。
- 评估最好向哪名同伴传球。
- 利用对手的优点 / 缺点。
- 防守：对于触球次数极少的球员进行攻击，而对于触球次数多的球员进行封堵。

### 训练目标

- 通过改变触球次数限制，来适应不断变化的基本条件。
- 迫使队员一次触球。
- 队员接球时必须要评估和清楚其所有的传球选择，甚至在触球之前就已完成。
- 提高注意力和动作速度。

# 第 3 部分　控球打法

## 6　简介

从对手获得球权后，在对手阵型和整体组织比较好的情况下，无法进行成功的反击。这时，控球进攻就成为了一个不错的选择。控球进攻的特点是通过稳健沉着的组织，通过边路或者中路发起进攻。控球一方经过一系列有组织的、稳健的传球从防守三区经过中场三区推进到进攻三区。

控球进攻的目的是保护控球权同时沉着地发起进攻。全队通过巧妙的配合和团队协作摆脱防守，从中路或边路创造射门得分机会。

### 6.1　成功控球进攻的特点和战术规则

#### 扩大对手的防守面积

如果不能发动反击，那么很重要的一点就是要拉开阵型，占领更多的区域，以此来扩大对手的防守面积，从而为本方的进攻创造出更多的空间。

#### 利用整个场地的宽度和深度

好的宽度和深度的场地覆盖是通过最优的边线人员配备，以及前锋尽可能深入的站位来实现的。根据目前的越位规则，在越位战术中，即使在对方的防守线后方短暂停留，也被认为是一个有效的手段。

#### 在球附近制造人数优势

为了给控球队员提供充足的传球选择和对抗对手的压迫，尽可能在球附近寻求制造人数优势。

# 进攻型足球打法训练指南

## 寻求 2 v 1 情形

2 v 1 是最小的以多打少。霍斯特·韦恩将 2 v 1 情景称为"战术打法的原子"。在控球进攻的过程中，球队必须尽可能多地寻求 2 v 1 的机会来对抗防守。

## 在每个方向创造传球选择

控球队员应该在靠近球和远离球的范围内拥有尽可能多的传球选择。在理想情况下，他应该能向前长传或者斜传，同样也可以横传或者回传。但是，在传球时，他要遵循相同的基本原则：深度在前，宽度在后。所有的球员都要根据场上形势、球、队友和对手的位置不断地快速改变位置。

## 使用假动作跑动

在当今的足球运动中，球员都会面临着巨大的对手、空间和时间压力。球周围的空间在不断变小。为了在有限的空间摆脱对手，采用假动作跑动是必不可少的。在这种情况下，球员将意识领先变成了动作领先。

## 协作摆脱防守

任何试图摆脱防守的努力都需要协作。这同样适用于在宽度和深度上进行的重要和有效的位置变换。在尝试摆脱防守时，球员必须谨记的格言是：制造开放空间并跑进该空间。

## 在每个方向组成三角形阵型

为了创造斜线传球的机会和为控球队员提供好的传球角度，必须在每个方向不断地组成三角形阵型。

## 利用空当

球员们摆脱对手的防守范围，跑进开放区域并快速制造出了空当。这样队友就可利用这个所谓的"第二空当"，也就是对手和队友之间的空当。在控球的过程中，利用空当是唯一能够成功执行纵深传球的途径。为了尽可能地获得最大视野，球员们要呈稍微倾斜的开放站姿，以便他们能观察到比赛区域和队员行动，用第一次触球就快速做出下一个动作（运球，传球）。

## 在第一次触球之前识别传球选择

第一次触球的重要性怎么强调都不过分。接球队员在第一次触球之前就已经

清楚所有可能的传球选择并与潜在的下一个接球队员进行了眼神交流。

## 预判场上的形势

当今的球员都被要求预判场上的形势，快速了解，立即评估（分析），然后尽可能快地做出决定。我们需要能够快速且有效适应迅速变化的条件和情况的队员。

## 避免在中后场冒险带球

要避免在中后场带球，因为这有可能造成球权丢失并导致对手发动反击。而且，无意义的盘带并不能使对手的防守区域移动多少。 要将球带进开放的区域而绝不要带进一个满是队员的区域。

## 实现 1 v 1 多数：制造 1 v 1 挑战

只是采用配合打法是很难在紧密防守封锁的情况下制造出人数优势的。这就要求队员们要有进攻 1 v 1 的能力。

## 掌握小组战术

掌握所有重要的小组战术是成功控球进攻的先决条件，例如，二过一传球、三人配合回做传球、交叉跑位等。

## 越过球员或整个一条线上的球员

在将球转移到前场时，在可能的情况下越过 1 名球员或整个一条线上的球员传球被证明是非常有效的。这意味着用很少的传球更快速地将球转移到前场。

## 转移

为了调动对手的密集防守区域，诱导他们犯错，球必须在自己球员间快速稳健地传递，并从一侧转移到另一侧。转移时，球员不仅可以使用高控球、长传球以及斜传球等方式，也可以通过一系列快速的传递来实现。触球的时间越短，对手就越没有时间修正和调整自身位置。

### 快速转移

采用"一停二看三传球"或运球的原则可以更容易地在自己的球队中保持控球，但是这不会在对方组织好的防守中找到漏洞。只有在快速且出人意料的情况下才能够成功转移。转移一定要非常迅速，这样防守队员才来不及修正或不能充分修正他们的位置。一次或重复的将球转移到另一个方向来调动对手的防线是特别有效的。转移的目的是在对手的边路或中路制造漏洞以将进攻推进到前场。

在比赛情形中，经常会需要从边路进行转移。在这些区域中，防守的球队可以借助边线压缩空间，同时向控球队员和球施压，并封锁所有传球路线。这显著地增加了丢球的威胁性。

快速转移在这里就派上了用场。快速地转移换边往往会在另一边创造出人数均等（1 v 1，2 v 2）甚至人数占优（2 v 1，3 v 2）的机会。接着，就可以充分利用暂时的人数均等或占优优势将球打到对手防线之后。

### 打到对手防线之后

一脚长距离斜传打到对手防线之后是特别有效的。

### 正确的摆脱防守

很重要的是，每一名队员都要尝试在恰当的时刻摆脱防守，接着跑到恰当的比赛区域。摆脱防守的目的是获得控球权或为队友制造开放空间。

### 改变节奏

建议队员有时要放慢速度，改变节奏，因为一个战术素养很高的对手会调整为显而易见的力量踢法。节奏的变化可以提供短暂的恢复同时能削弱对手的关注度。

### 一脚球

最快的方式就是一脚传球，因为球员同时完成了接球和传球。两次触球来完成接球和传球并不是仅仅需要做两个动作，更重要的是要花更多的时间。因此，如果要想在限定的空间里成功地获得更多的进攻机会，那么在恰当的时间进行一脚传球就必须成为进攻的常规部分。

当然，这里同时还必须最小化失误的风险。但是，在一些情形中，没有做好一定准备就冒险行动几乎不可能成功。

## 6.2　成功控球进攻的先决条件

### 技术要求

- 掌握所有重要的 1 v 1 和抢球技术。
- 掌握所有 1 v 1 防守和进攻技术。
- 具备传出快速且准确的低平球、中高球或高球给队友或直传球的能力。
- 具备在巨大压力下和有限空间内一脚传球的能力。
- 可以娴熟地以不同的力度和高度传球给队友或者传空当。
- 可以采用脚的任意部位出色地完成射门，特别是正脚背、脚背外侧和内侧以及脚内侧。
- 具备接传中球后凌空射门得分的能力（例如半转身射门、头球等）。
- 具备成功补射的能力。

### 战术要求

- 清楚战术和场上形势。
- 用"脑子"踢球。
- 持续跟踪比赛。
- 准确阅读比赛的能力（个人和全队）。
- 良好和快速的预判能力。
- 行动速度。
- 能进行成功的转移。
- 改变节奏的能力。
- 掌握所有重要的小组战术，例如，二过一、交叉跑位、回做传球，三人配合等。
- 掌握所有控球进攻的特点和规则。
- 掌握越位规则。

## 体能要求

- 有球和无球状态下的移动速度。
- 机敏、灵活和良好的协调性，特别是在紧凑空间中。
- 良好的基本比赛耐力，即使在比赛的最后几分钟也可以使用组合技术成功完成射门得分。
- 具备力量和自信。

## 心理要求

- 耐心。
- 自信。
- 控球时保持冷静。
- 积极进取。
- 能够在压力下发挥能力。
- 本能的获胜欲望。

## 社会要求

- 具有团队精神和团队凝聚力。
- 合作性。
- 责任心。
- 积极的态度。

## 6.3 系统执教和练习控球进攻

在一开始，球员必须要从理论和实践两方面学习控球和控球进攻的基本原则和规则。

当然，以下也是一些有条理的执教方法。

- 由易到难。
- 由陌生到熟悉。
- 由简单到复杂。

# 7　控球进攻初级练习：三人配合

## 组织

　　A 将球传给 B（1）并跑向他。B 将球回传给 A（2），跑到另一侧，在 C 组后面排队。这时，C（第三名队员）突然冲刺跑到开放区域来接 A 的传球。A 直接将球传给 C（3），接着快速跑向标志桶并取代 B 的站位位置。C 直接将球传给 D（4）并示意与 D 进行墙式二过一传球。D 将球传给 C（墙式二过一）（5），跑到后面，在 E 后面排队。这时，E（第三名队员）突然冲刺跑到开放区域来接 C 的传球。C 将球传给 E（6），接着快速跑向标志桶并取代 D 的位置。E 将球传给 F（7），接着跑向三角形的下一个转角。F 将球传给 E（8）然后跑到后面。E 将球传给 A 并取代 F（9）的位置。

## 提示和建议

- 在这个训练过程中，球员学会和提高与第三名队员配合，和在防守线前摆脱两位前锋的能力。
- 团队合作和协作跑动能力会得到提高。

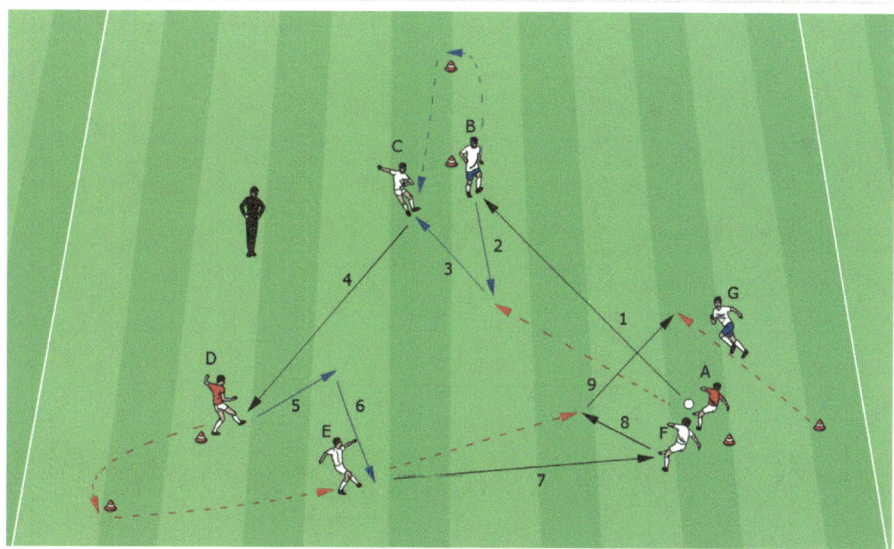

# 8 改进的控球进攻练习

## 在 2 个标准球门前进行 3 v 2 训练

### 组织

两队在两倍罚球区大小的场地里进行 3 v 2 对抗，设有 2 个有守门员把守的标准球门。

### 变化方式

● 改变场地的大小（例如 24 米宽，34 米长）。

### 提示和建议

● 三角形阵型可保证理想的传球角度以及相互支持所需的距离。

● 通过小组战术（二过一传球，交叉跑位，回做传球，三人配合等）创造人数优势（3 v 1，2 v 1，3 v 2），也可以通过 1 v 1 胜过对手。

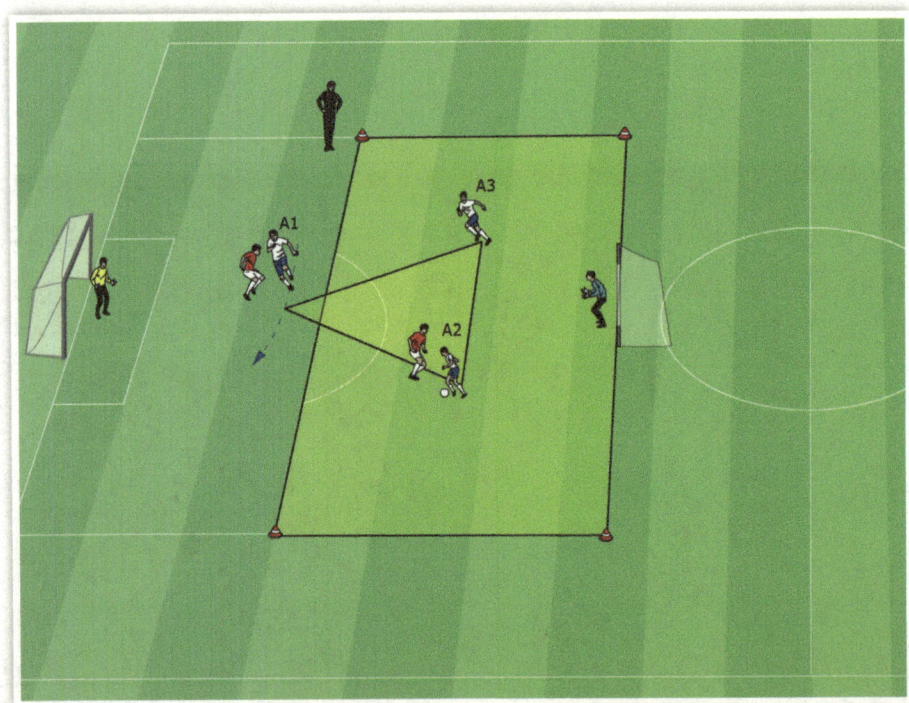

## 在 4 个小球门前进行 3 v 3 训练

### 组织

2 支球队在设置了 4 个小球门的场地（29 米 × 24 米）上进行 3 v 3 训练。场地分成 3 个区域，2 个球门区（射门区）和 1 个中场区域。只有在射门区射门得分才有效。

### 提示和建议

- 因为某一个球门前最多只能有 2 名球员，因此，控球方要想办法创造 2 v 1 的局面，可采用转移进攻、配合打法或 1 v 1 的方式。

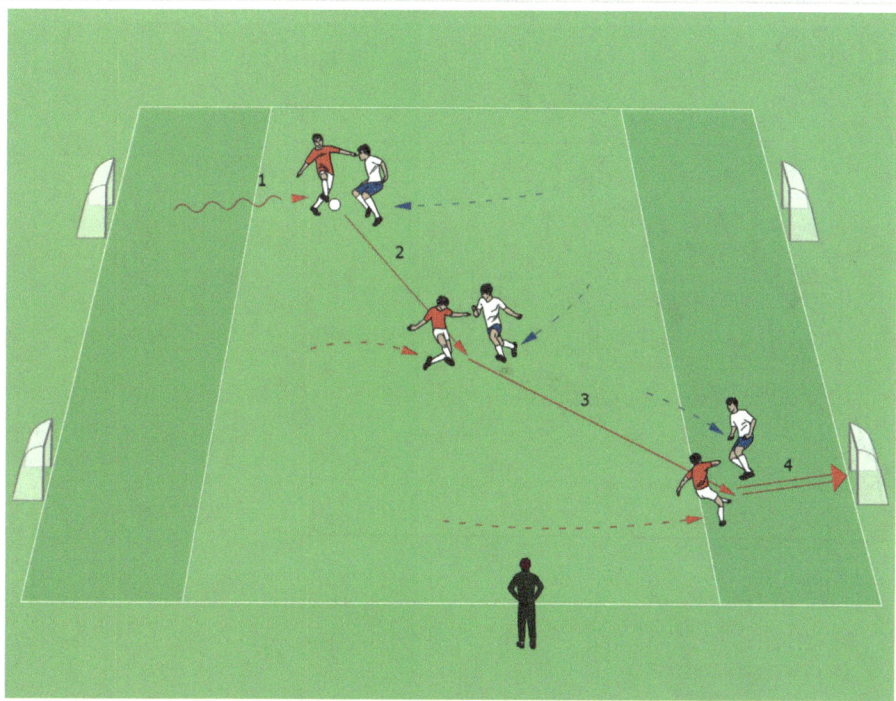

在 2 个标准球门前进行 4 v 4 训练

## 组织

两队在两倍罚球区大小的场地里进行 4 v 4 对抗，设有 2 个有守门员把守的标准球门。

## 提示和建议

- 控球时保持菱形阵型，这样有利于创造理想的传球角度和距离，以及多个三角形阵型来提供相互支持。
- 制造人数优势。
- 越过一条线。
- 合理运用所有小组战术。

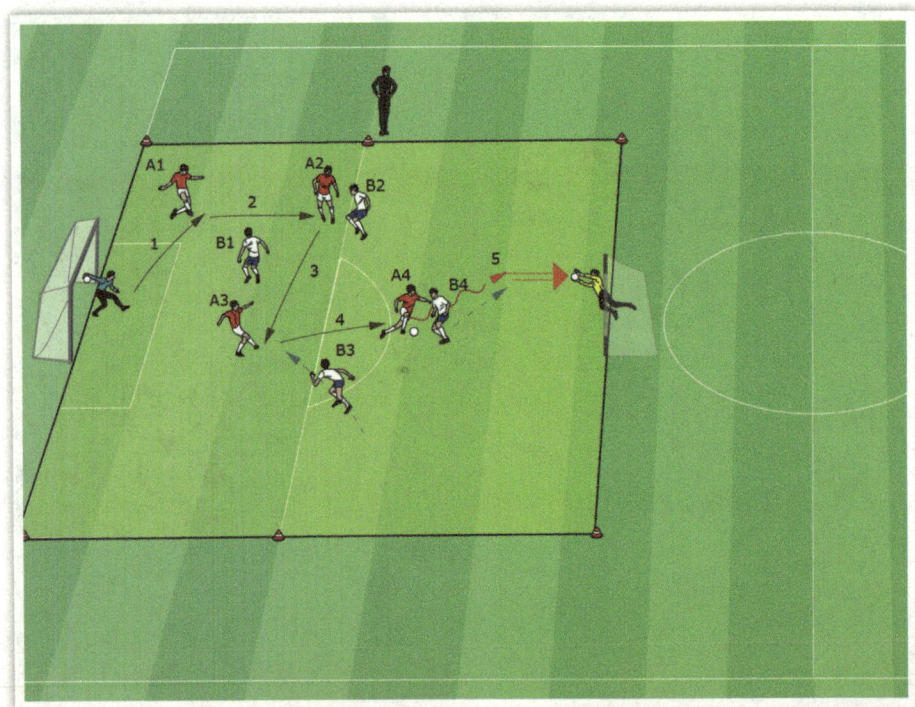

## 在 4 个小球门前进行 4 v 4 训练

### 组织

在设置了 4 个小球门的场地上（29 米 × 29 米）进行 4 v 4 训练。场地分成 3 个区域，2 个射门区和 1 个中场区域。只有在射门区射门得分才有效。

### 提示和建议

- 在控球的情况下，使用菱形阵型作为基本阵型。
- 在一个球门前制造人数优势。
- 采用快速转移的打法。

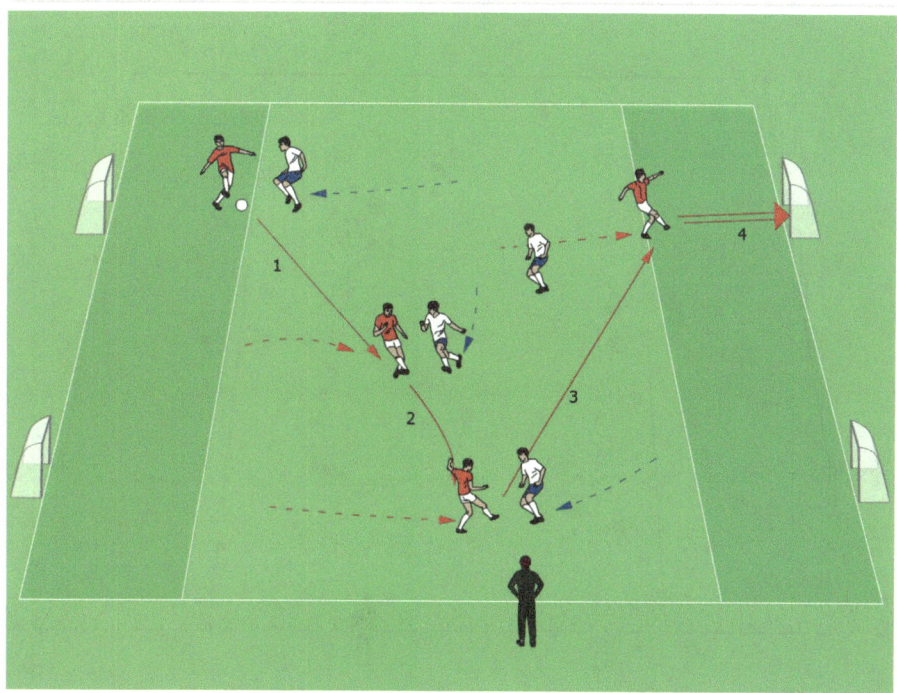

## 在6个小球门前进行5 v 5训练

### 组织

　　2支球队在6个小球门前进行5 v 5训练。场地分成3个区域，2个射门区和1个中场区域。只有在射门区射门得分才有效。

### 提示和建议

- 充分利用场地宽度和深度。
- 采用反方向旋转的方式不断改变进攻地点。
- 在一个球门前制造人数优势。
- 在缺少小球门的情况下，可以采用标志桶球门代替。

### 变化方式

- 只有在所有队员都离开自己的防守三区的情况下，射门得分才有效。
- 射进中间球门，得分翻倍。
- 射进外侧球门，得分翻倍。

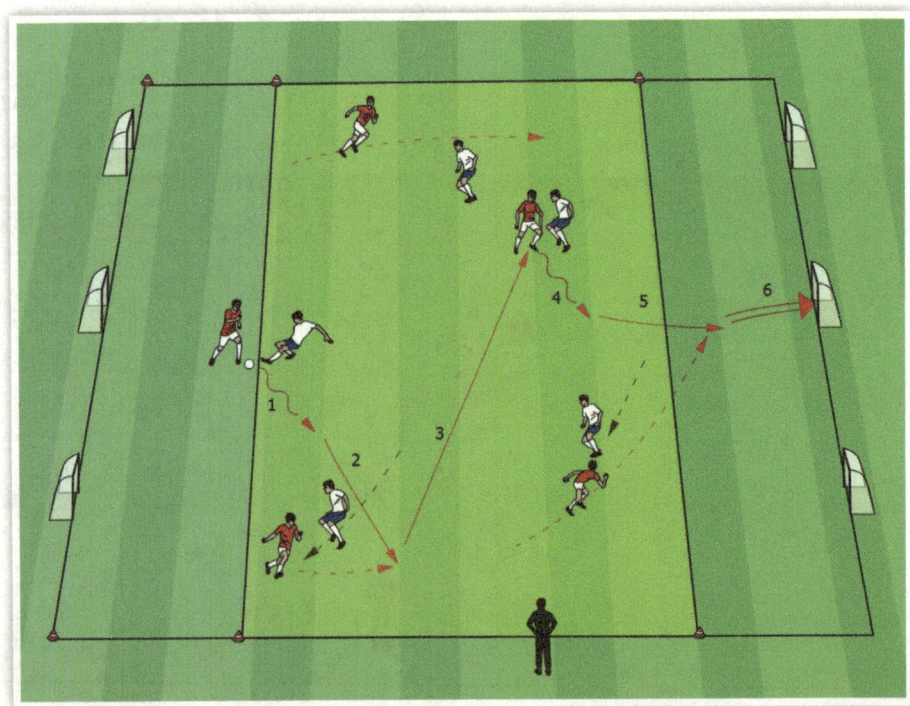

## 在 8 个小球门前进行 7 v 7 训练

### 组织

类似于之前的训练，但是这里设置了 8 个小球门进行 7 v 7 训练。

### 提示和建议

- 充分利用场地宽度和深度。
- 采用反方向旋转的方式不断改变进攻地点。
- 在一个球门前制造人数优势。
- 在缺少小球门的情况下，可以采用标志桶球门代替。

### 变化方式

- 只有在所有队员都离开自己的防守三区的情况下，射门得分才有效。
- 射进中间球门，得分翻倍。
- 射进外侧球门，得分翻倍。

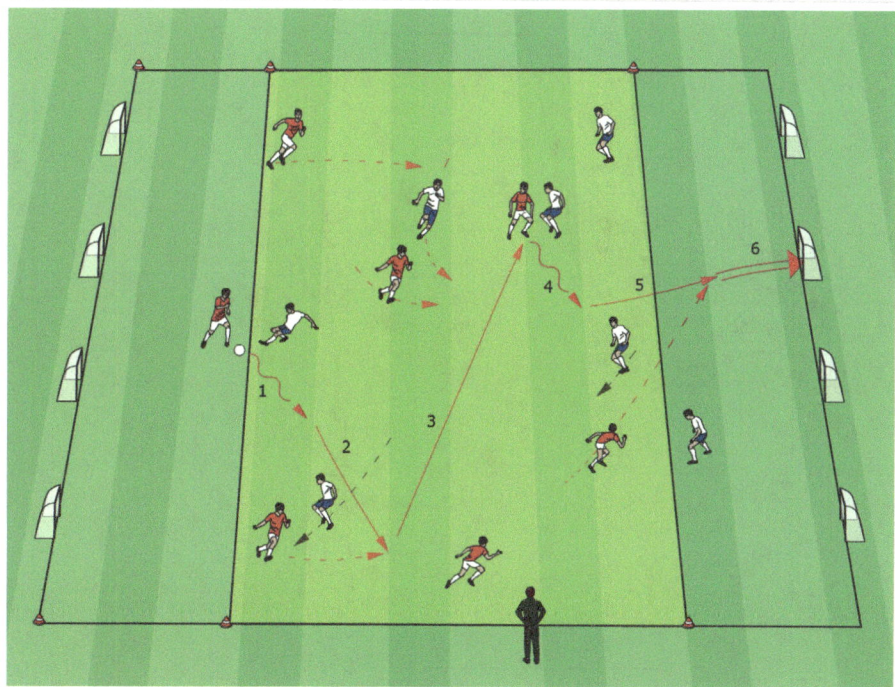

## 7v7 穿杆练习

### 组织

　　2 支球队在中场区域进行 3v3 训练。在进攻区域，2 支球队进行 2v1 训练。2 支球队都尝试将球从两个标志桶球门的其中一个传给两名前锋中的其中一名。接下来，2 名前锋在标准球门前完成 2v1 训练后射门。教练要限定时间。

### 变化方式

- 1 名中立球员站在中场区域（4v3）。
- 改变球门大小。
- 3 个标志桶球门。
- 1 名防守队员从中场区域跑上前，形成 2v2。

### 提示和建议

- 1 名前锋摆脱防守。
- 在进攻三区，快速利用 2v1 优势，以多打少。

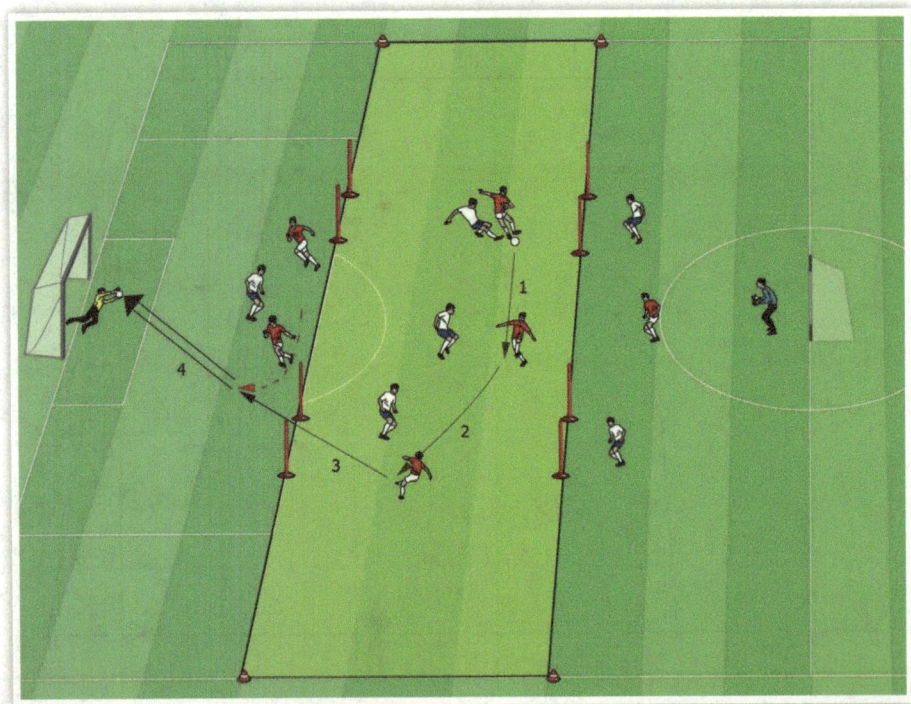

## 8 v 8 + 1 名中立球员的训练

### 组织

在球场的 2 个罚球区之间的区域进行 8 v 8 训练，中场区域站 1 名中立队员。场地分成 3 个区域：1 个中场区域以及 2 个对方球门区。在中场区域进行有 1 名中立队员参与的 3 v 3 对抗；在球门区进行 2 v 2 对抗。只有在球门区射门得分才算有效。

### 变化方式

● 在有时间限制的情况下，1 名中场区域的队员可以进入球门区形成 3 v 2 射门。

### 提示和建议

● 在中场熟练地利用人数优势，以多打少。

● 前锋要有机敏的协作配合跑动。

● 在前场有目的的对抗。

● 在 2 v 2 中强有力的射门。

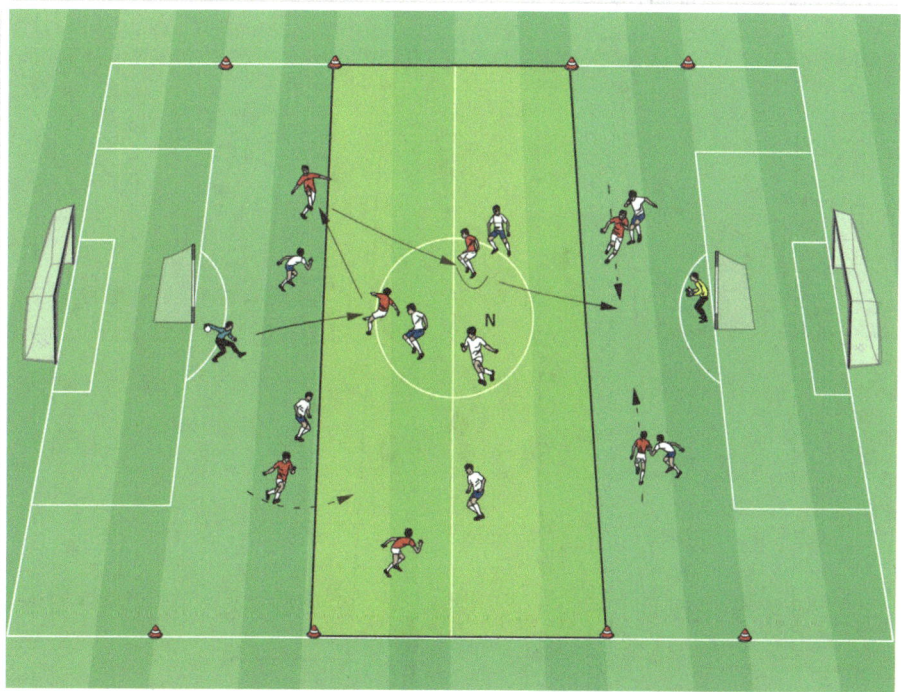

## 8v8：传球进入目标区域

### 组织

以罚球区的宽度为限。在2个罚球区间进行8v8训练，由于场地宽度有限，进攻过程比使用会场更加困难。终点区线也用作越位线。

### 变化方式

- 当整个进攻团队完全摆脱了对其的防守时，进球才是有效的。这意味着必须向前跑动。
- 9v9。
- 10v10。

### 提示和建议

- 在场上有良好的宽度及深度覆盖范围。
- 在场上跑动时变换位置。
- 使用假动作。
- 到达越位线前协作跑动。

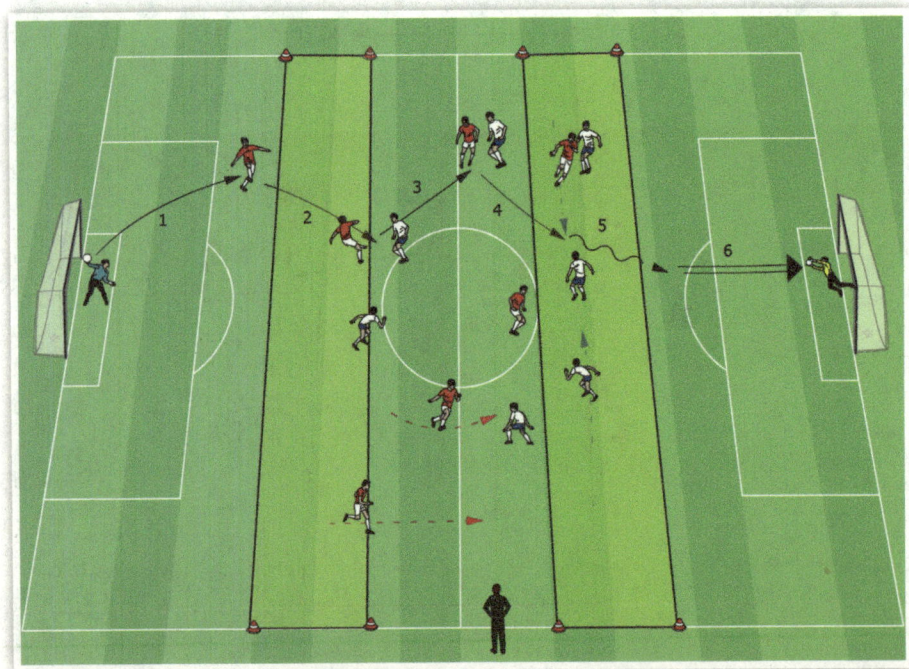

## 在球场的 2 个罚球区之间的区域（去掉罚球区 2 条边线连接线以外的区域）进行 8 v 8 训练

### 组织

在球场的 2 个罚球区之间，与罚球区同宽的区域进行 8v8 对抗。宽度受限的场地使得控球进攻时与使用整个场地宽度相比难度更大。球门区与中场区域的分界线作为越位线使用。

### 变化方式

● 只有在进攻一方所有队员都离开自己的防守三区的情况下，射门得分才有效。这意味着必须要向前压上。

● 9 v 9。

● 10 v 10。

### 提示和建议

● 充分利用场地宽度和深度。

● 在跑向前场时，改变位置。

● 使用跑动假动作。

● 协作跑动，以防越位。

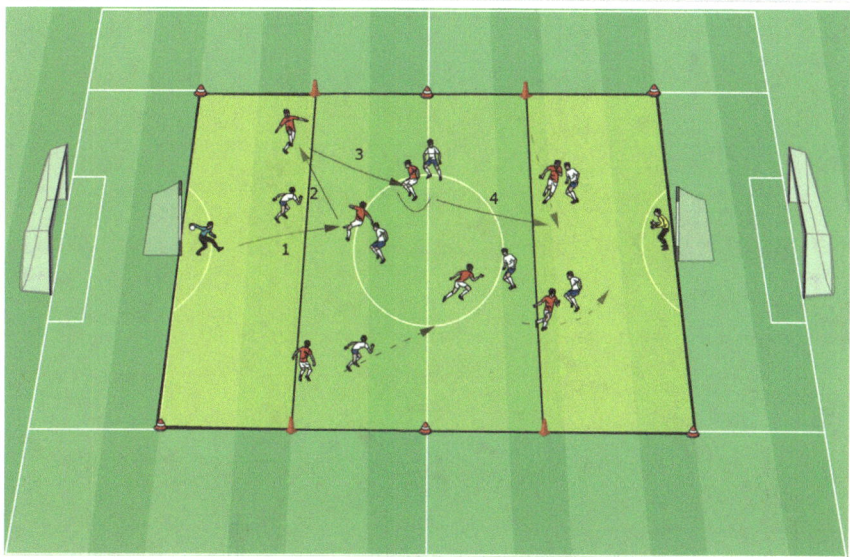

## 在 4 个小球门和 2 个标准球门前进行 9 v 9 训练

### 组织

在球场的 2 个罚球区之间的区域进行 8 v 8 对抗，设有 2 个有守门员把守的标准球门和 4 个小球门。只有在球门区里射门得分才算有效。球员可以选择向守门员防守的标准球门或者其中 1 个小球门射门。射进标准球门，可以得 2 分。球门区与中场区域的分界线作为越位线使用。

### 变化方式

● 只有在进攻一方所有队员都离开自己的防守三区的情况下，射门得分才有效。

● 10 v 10。

● 11 v 11。

### 提示和建议

● 充分利用场地宽度和深度。

● 传球应该追求纵深而非横宽。

● 转移。

● 创造人数优势。

● 如果没有小球门，那么也可以运球通过标志桶球门来代替射门得分。

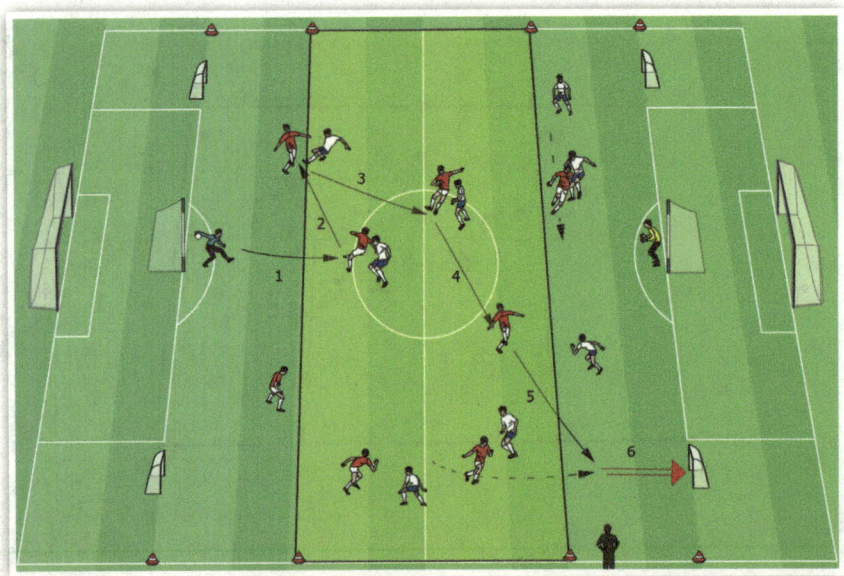

## 在 2 个标准球门前进行 11 v 11 训练：自由比赛

### 组织

无限制对抗意味着在常规大小的场地上，2 支球队在不限制触球次数的情况下进行 11 v 11 的对抗训练。

### 队员要注意以下内容

- 拉开阵型，占好空间。
- 充分利用场地宽度和深度。
- 在球的附近创造人数优势。
- 为队友创造各个方向的传球选择。
- 三角形阵型。
- 在穿过场地和跑向前场时改变位置。
- 跑向开放空间以及制造开放空间（摆脱防守范围进入开放区域）。
- 制造空当。
- 第一次触球。
- 转移。

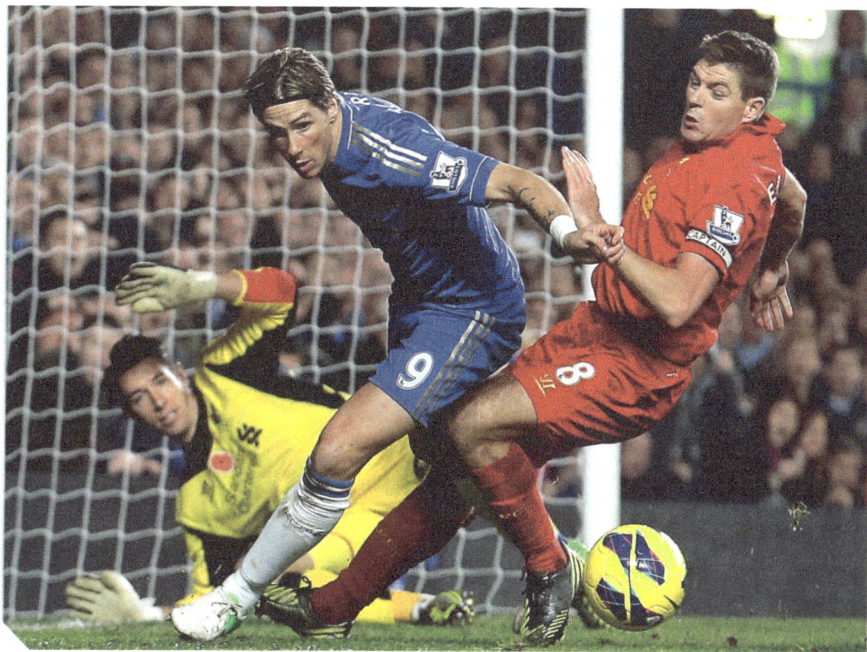

## 2个球门的比赛

| 指导方针 | 目标 |
| --- | --- |
| 限制触球次数 | 快速组织进攻 |
| 限制比赛区域 | 增加难度，增加空间和对手压力 |
| 使用中立队员 | 以多打少，利用队员人数不均等，多采用一次触球 |
| 计时 | 利用优势，时间压力 |
| 人数劣势 | 运球，1 v 1 |
| 改变球门数量（4个球门、6个球门） | 拉开阵型，创造人数优势 |

# 第 4 部分　边路进攻

## 3 v 3 + 2 名边路球员的训练

### 组织

场地由内部区域和边路区域组成，球员在内部区域进行 3 v 3 训练（2~3 次触球），而在边路区域不限制次数。每队有 2 名队员，他们会伺机突然跑进与中线平行的场外边路区域，然后传中。在此过程中，不允许防守他们。接边路队员传中球射门得分计 2 分或接倒三角传中球射门得分计 3 分，正常对抗中的射门得分计 1 分。

### 变化方式

- 在场地内进行 4 v 4。

### 提示和建议

- 边路配合位置适当。
- 传中后协作跑动，呈三角形阵型。
- 利用好补射机会(回弹球)。
- 主动迎球，不要原地等球。
- 前锋要主动迎传中球跑动
  （防守会更难，需要更高
  的弹跳，更大的头球或射
  门力量）。

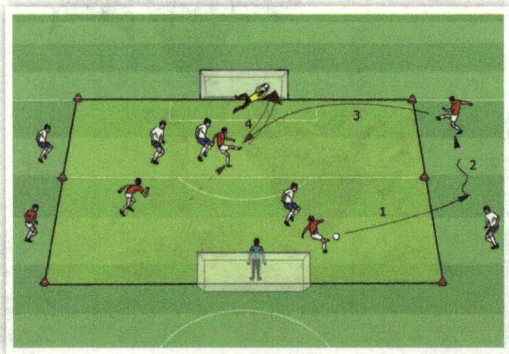

### 边路有可选项的 5 v 5 训练

#### 组织

类似于之前的训练。增加选项：场内队员和场外队员配合（二过一传球，交叉跑位，三人配合）。

#### 变化方式

- 场内 6 v 6。
- 场内 7 v 7。

#### 提示和建议

- 边路配合位置适当。
- 传中后协作跑动，呈三角形阵型。
- 利用好补射机会（回弹球）。

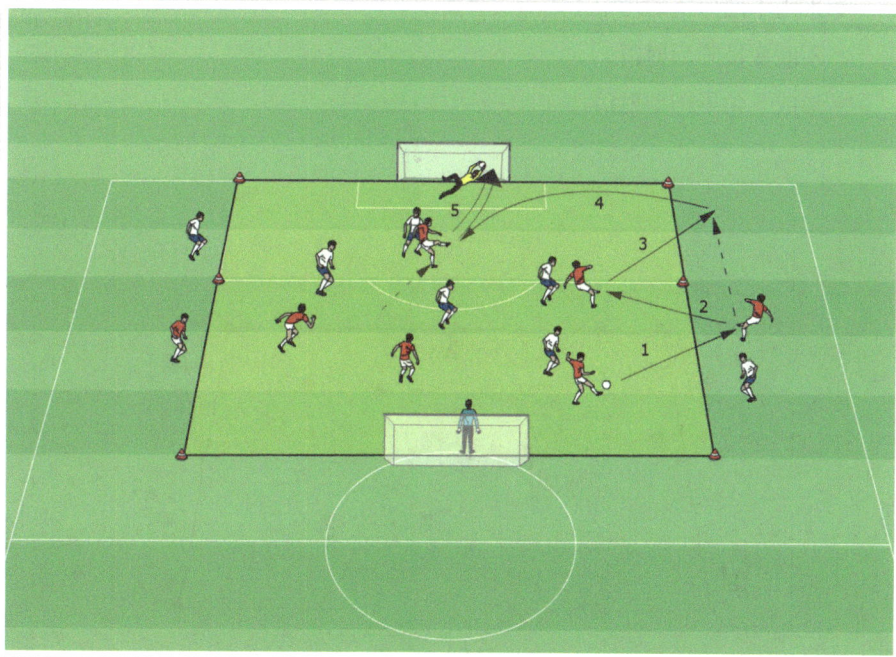

## 5∨5训练：中立守门员防守2个球门

### 组织

2队在设有2名中立守门员把守的2个大球门的场地上进行5∨5对抗，进攻方向两边皆可。只有接从场外中立区域的传中球或倒三角传中球射门得分才算有效。在获得控球权之后，必须先将球传向场外区域。每方2名场外队员可以选择任意一个方向进攻，并将球传中给任意一端球门前的队友。如果守门员得到球或者球出界，守门员手抛球给对方的场外球员。如果射门得分，那么进攻方继续保留控球权。在必须将球传给场外边路区域前，可以补射。

### 变化方式

- 场内6∨6。
- 场内7∨7。

### 提示和建议

- 边路配合位置适当。
- 边路和场内球员之间出色的团队合作是这种训练形式成功的基本要求。
- 采用不同形式的传中（内旋或外旋）。
- 不断变换阵型射门。
- 形成三角形阵型射门。

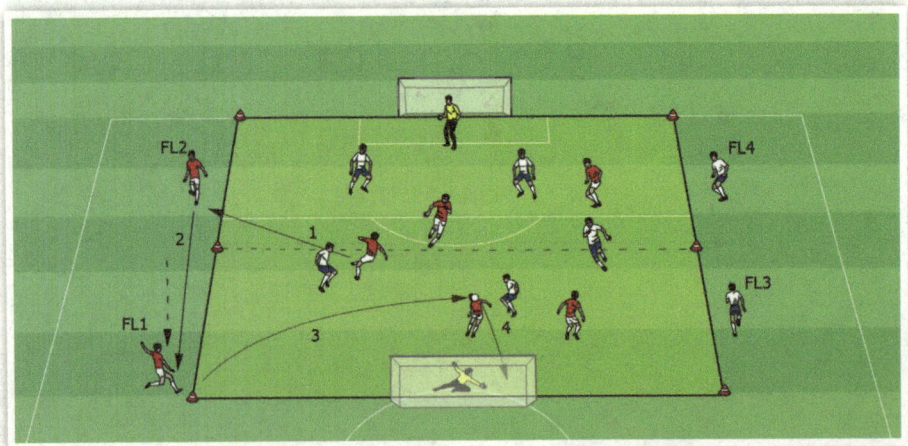

## 7 v 7 边路 2 v 1 训练

### 组织

在场外边路区域安排 2 名进攻队员和 1 名防守队员。接传中球或倒三角传中球射门得分计 2 分（第一个球或第二个球），头球进球计 3 分。是否需要采用越位规则取决于球员的技术水平。

### 提示和建议

- 边路配合位置适当。
- 转移。
- 在边路有效利用 2 v 1 的多人数优势（交叉跑动、二过一传球）。
- 及时传中和倒三角回传。
- 形成三角形阵型射门。

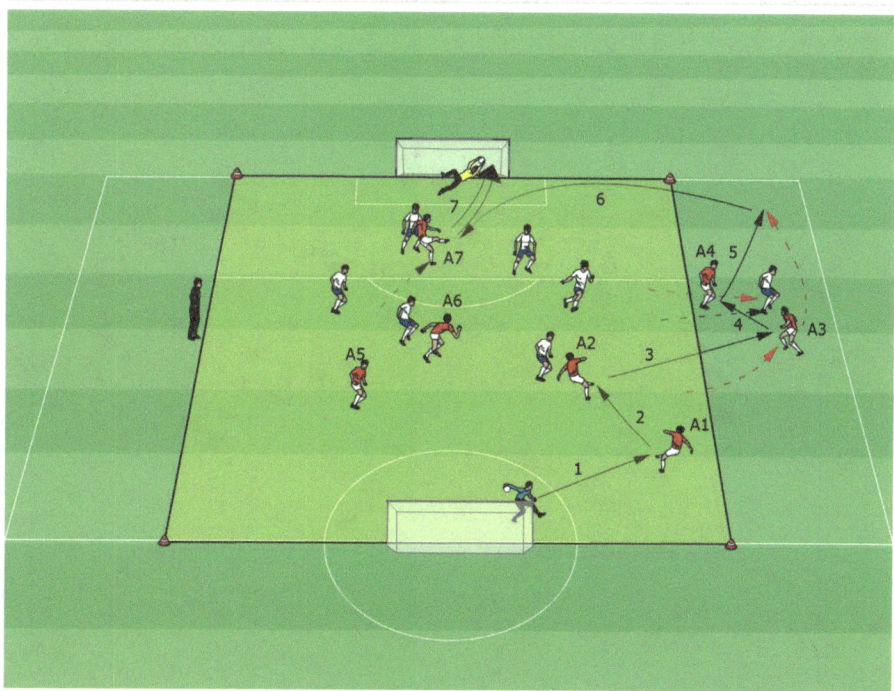

## 8 v 8 训练，场内队员两次触球，场外队员不限次数

### 组织

2 支球队在设置了 2 个大球门的场地上进行 8 v 8 训练。限制场内队员的触球次数自然有利于在场外边路活动。

### 提示和建议

- 边路配合位置适当。
- 转移。
- 在边路区域制造人数优势。
- 接倒三角传中球射门得分计 2 分。

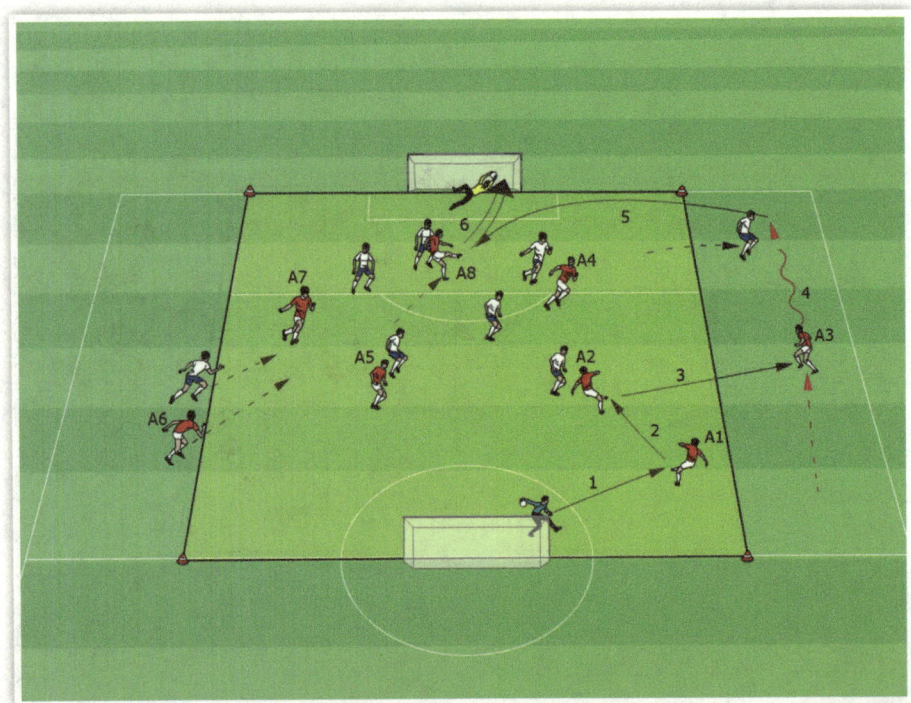

## 7 v 7 训练：运球穿过球门线

### 组织

　　球员在场地上（场地宽 50 米）进行 7 v 7 训练。每队面对 3 个球门。外侧的
球门比中间的球门大，这样可以鼓励队员沿外侧活动。运球穿过中间的球门得 1
分，运球穿过两侧的球门得 2 分。

### 提示和建议

- 充分利用场地的宽度和深度。
- 转移。
- 边路配合位置适当。

## 8 v 8 训练：传球进入目标区域

### 组织

2 支球队在整个场地上进行 8 v 8 训练。如果进攻方将球传进目标区域，并由本方前锋接好球，可得 1 分。但是，在他触球前，球必须要先进入目标区域。进攻一方还可以通过传中给本方 2 名包抄的前锋，由他们射门得分，这样可以再得 1 分。

### 变化方式

- 1 名防守方队员可以进入到球门区，以阻止进攻方前锋射门。

### 提示和建议

- 充分利用场地的宽度和深度。
- 转移。
- 及时将球传进目标区域。
- 边路配合位置适当。
- 将球精准地传中给 2 名交叉跑位包抄的前锋。

## 8 v 8 射门训练：从边路传球射门

### 组织

2 支球队在整个场地上进行 8 v 8 训练。进攻一方只能通过 1 名队员带球穿过位于两侧的标志桶球门或者将球传过标志桶球门给队友的方式通过中线。还有一种方式就是进攻队员快速从标志桶球门中间跑过，然后接住场地同侧队友的斜传球。这种传球不必非得穿过标志桶球门。

### 提示和建议

- 这个规则可引导队员在边路活动。
- 转移。
- 快速运球。
- 及时的对角线斜传。

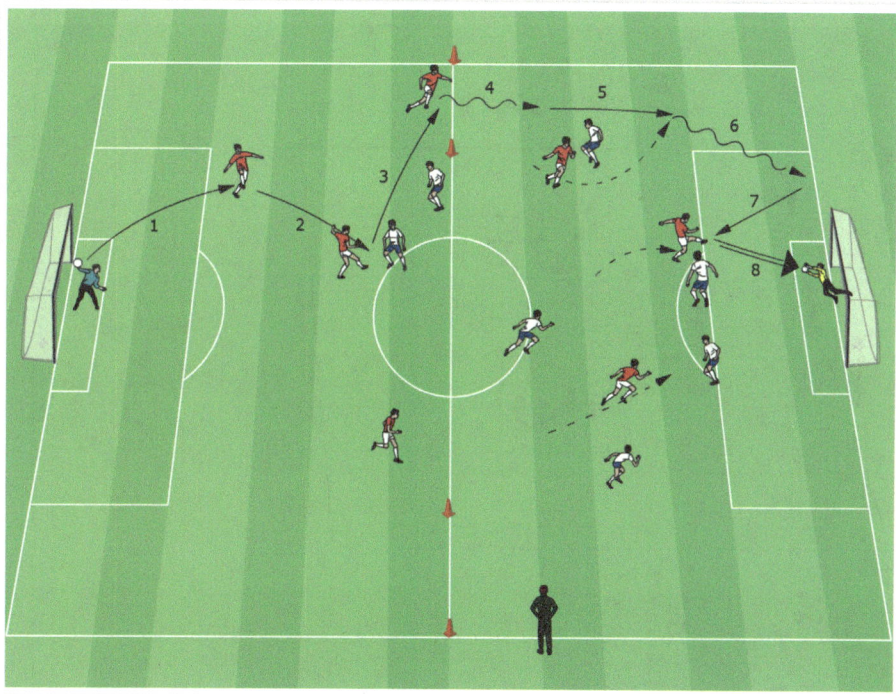

## 比赛：传中射门

### 组织

2 支球队比赛传中射门，左右两侧交替进行。看哪队传中射门得分最多。射门队员取回球，然后在传中队友后面排队。传中队员传球后在射门队友后面排队。头球射门得分计 3 分，一次触球射门得分计 2 分，经过一次传球后的射门得分计 1 分。在 8~10 分钟以后，两队换边，这样每名队员都能左右各一次传中射门。

### 提示和建议

- 射门队员要抓紧启动，但最好还是稍停片刻直到正确计算和判断好球的轨迹再行动。
- 重要提示：球传的太远容易丢，球传的太近又容易被断。
- 射门队员应该总是主动迎球射门，这样射门力量大。
- 个人比赛：看谁射门进球最多。所有的 4 个位置，每名队员都要轮流一遍。
- 每次动作结束，队员要注意避开对方队员的射门路线。

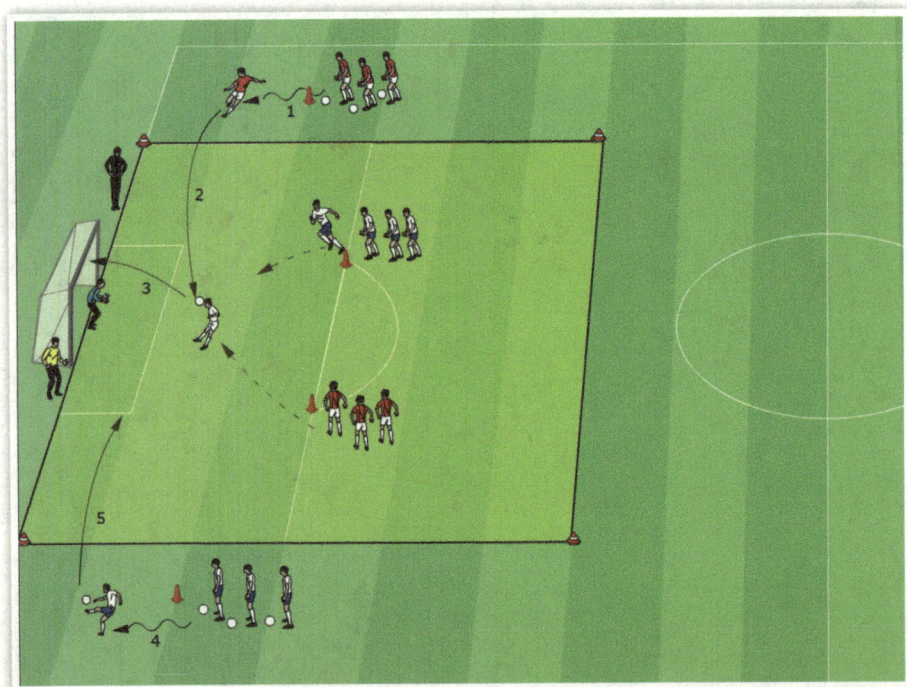

## 交叉跑动射门

### 组织

2 名队员跑向罚球区边线的标志桶。在他们到达标志桶位置之后，他们有 3 个选择：交叉跑位、停止交叉跑位，或者不交叉跑位而直接等待传中。看哪支球队射门得分最多。头球射门得分计 3 分，一次触球射门得分计 2 分，而两次触球射门得分计 1 分。

### 变化方式

- 任意球传中。
- 运球跑动中传中。
- 使用防守者队员。
- 看哪组（三人）得分最高。

### 提示和建议

- 传中可长可短，或者传入开放区域，或者传给之前定好的指定球员。
- 谁来决定停止交叉跑位？站在远端门柱的队员不仅能看到传中球，也能看到同伴跑位的变化。因此后面的队员要向前面的队员做出反应。如果他想中止交叉跑位，他要给前方的队友一个听得见的声音信号以使同伴做出相应的反应。

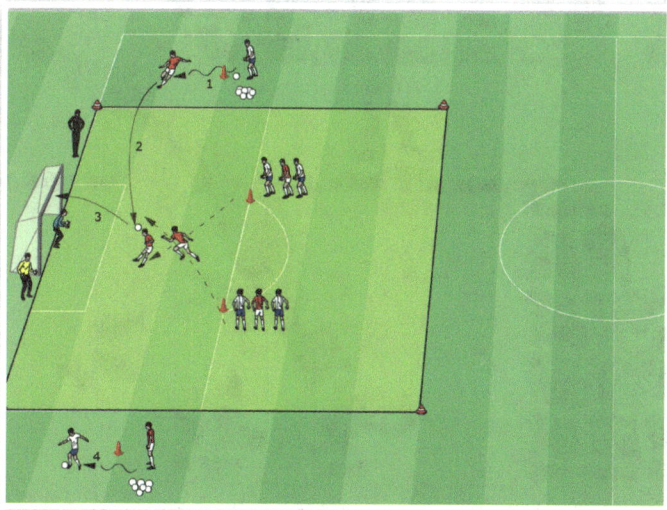

# 第 5 部分　射门

## 9　简介

足球比赛中最令人兴奋和紧张的时刻显然是发生在球门区附近的进球。足球已经发生了变化，而且会不断地变化。所有动作的速度都将继续变得更快。球周围的区域空间将会被更有效地限制。球员必须要掌握每一种技巧，并在压力下既快又准地完成动作，无论是现在，还是将来。因此，对球员成功完成射门的需求也在持续提升。在射门训练中，教练同时也必须考虑足球的这种趋势。

现代射门训练要具备激励性和实战性。结合了空间、对手、小组和准确性压力的小型比赛和训练非常符合现代射门训练的要求。

### 9.1　人数、数据和事实

- 在杜塞统计看来，一支球队在一场比赛中会完成 230~280 个进攻动作。在这些动作中，5~25 次动作被认为是有威胁和有效的。一支球队平均每场进球 1.5 个，这意味着大约需要 150 次进攻动作才能够实现一次射门进球。
- 在统计分析完世界杯和欧洲杯比赛后，数据显示，比赛中大约 90% 的进球都发生在罚球区。
- 在这些射门动作中，59% 的正面射门发生在球门和罚球区边界线之间，其中绝大部分又发生在球门区和罚球点之间。

- 大多数助攻也发生在罚球区。
- 许多助攻来自边路传中或边路倒三角传球。
- 远射主要是任意球打进的。此外，只有很少的进球是远距离打进。
- 大多数球都是以凌空球或是第二次触球的形式打进。这使得一脚球直接射门技术的完善和完美的第一次触球技术成为现代足球射门训练的重要目标。
- 每6个进球中，就有1个是头球射门得分。
- 许多进球都是变线球和反弹球。
- 射门时采用的技术部位根据具体情况而不同，其中包括脚背内侧、正脚背、脚内侧和脚外侧。
- 准确、时机恰当的最后一传成为绝大多数成功进球的先决条件。

## 9.2　射门的两种训练方式

- 射门技巧练习。
- 模拟比赛状况射门练习。

这两种训练形式对于所有水平的球员都是很重要的。但是，球员的技术水平越高，在真实情形下进行射门训练就越重要。即使是顶级球员也必须通过定期重复的练习基本射门技巧来获得必要的射门精准度。

## 9.3　射门的技术训练

在射门训练中，适合队员年龄和经过测验的训练是成功射门的基础。球员通过大量反复的盘带、控球和一次触球训练可以学会和提高所有重要的射门技巧。他们学习准确地判断球的运行轨道并将身体移动到理想的射门位置。教练要设计一些以最有效方式教授重要射门技巧的训练。组织良好的训练顺序是非常重要的，这样，队员训练可以达到必要的重复次数。教练必须尽量避免队员长时间排队等待下一次射门练习的情况发生。

**初学者学习**

- 将静止的球直接踢进球门。
- 运球中，瞄准射门。
- 用头或脚接界外球直接射门。

**高水平运动员**

- 练习在向球冲刺或跳跃之后转身射门。
- 采用一系列不同的技术。
- 不断适应球的速度和高度变化。

在很大程度上，提高射门技术的训练不同于模拟比赛状况的射门训练，因为前者在训练过程中不会出现对手干扰。

## 9.4　模拟实战环境进行射门训练

在面对巨大空间、对手和时间压力之下，如果球员无法在困难情形下成功进球，那么即使有最佳的射门技术也是毫无价值的。因此，模拟比赛状况的射门训练必须尽可能地模拟出各种比赛中的压力。限定空间的训练可以使队员不断地在进攻和防守动作之间转换，是很合适的训练方式。通过模拟比赛状况的射门训练，球员可以学会闪电般的反应速度、预判或感觉（进球嗅觉），从而准备好射门并把握住射门机会。例如，在两倍大罚球区的场地上训练也是一种训练和提高动作速度的不错方式。而动作速度是足球比赛和成功射门的基础要素。2 支或者更多球队之间相互进行射门比赛也可以很好地激发队员的积极性。同时，这种训练所产生的射门准确性压力和分组压力也可以制造出类似比赛的气氛。

## 9.5　射门训练总结

- 当今和未来的现代足球射门训练应该越来越多的与在罚球区内和罚球区周围的训练结合起来。
- 建议在罚球区内进行射门技术练习和射门训练。
- 在每个重要位置根据不同传球方式反复练习一脚射门和两脚射门。
- 要根据球员年龄和目前的能力水平在训练中逐渐增加空间、对手、时间和准确性的压力。

- 小型射门比赛可以激发更高的积极性，而且这种比赛方式可以实现比之前更好的训练效果。分组压力可以显著增加比赛气氛和趣味因素。
- 简单的基本射门练习形式仍然是有用的。通过教练的修改并在教练的指正下，这些形式仍然是练习和提高基本射门技巧的好方式。
- 回弹球变得越来越重要。

## 9.6　针对射门训练的提示和建议

- 准确性比力度、力量更重要。
- 采用跑动假动作摆脱对手。
- 经常练习和要求直接一脚射门。
- 从不同的方向和角度射门。
- 从不同的区域进行不同的传球。
- 及时跑到危险区域。
- 不要等球，要主动迎球。
- 要求和督促左右脚双脚射门（节省时间）。
- 鼓励队员不停顿射门。
- 注意在球门前形成交错阵型。
- 近距离瞄准球门角射门。
- 远距离大力射球门角。
- 使用假动作射门。
- 单刀球时，使用射门假动作诱使守门员提前移动。
- 瞄准守门员防守薄弱的球门角（一般是他的左侧）。
- 当守门员在球门外较远位置时，使用高吊球是一个不错的选择。
- 要留意守门员和他的位置，但是不能分散对实际目标，也就是球门角落的注意力。以角落球门角为目标，而不是以守门员为目标。
- 所有的训练包括回弹球，都要以成功完成射门为结束。

## 9.7 训练原则

- 充分热身。
- 在疲劳的时候不要进行射门训练。
- 队员单个射门之间短暂停顿。
- 总是尝试使用左右脚射门。
- 不断重复训练。
- 建设性反馈—纠正—表扬。
- 由简入难。
- 由陌生到熟悉。
- 由简单到复杂。
- 训练要多样化；避免枯燥乏味。
- 保持训练负荷与恢复之间的平衡。

## 9.8 针对射门训练的组织、结构和方法的提示

- 确保有足够的训练用球，至少每名队员各配一个球。
- 分成各个小组，进行充足的重复训练和避免长时间等待。
- 便携性球门是非常有用的。
- 在守门员不够的情况下，不必非得省略掉射门训练。可以让场上队员轮流担任守门员。
- 也可以使用手球门或小球门，或者标志桶来作为球门。
- 训练时要准备充足的不同颜色的分队背心。
- 在球门位置总是放置足够的备用球以便进行练习。
- 有规律的轮换人墙队员和中立队员。

## 9.9 不同的射门类型

我们按照以下射门类型进行分类。
- 脚内侧射门。

- 脚背射门。
- 脚背内侧射门。
- 脚背外侧射门。
- 下坠球射门。
- 侧身凌空射门。
- 凌空侧体剪式射门。
- 倒钩射门。
- 脚尖或脚后跟射门。
- 头球射门。

## 1. 脚内侧射门

这是最常用的将球推进球门角的射门脚法，有时也会在近距离吊球绕过守门员头顶时使用。

## 2. 脚背射门

脚背踢球可以产生最大的力度和最快的速度。可用于任意球、点球、凌空球、解围、守门员凌空开球、高吊球绕过守门员头顶等情况。

## 3. 脚背内侧射门

脚背内侧踢球是最常使用的射门技术，特别适用于远射、传中、角球和任意球。

## 4. 脚背外侧射门

与传球不同，脚背外侧射门不是那么重要，但是也要掌握。在一些特殊情况下，脚背外侧射门是更简单、更有得分希望的选择。用脚背外侧踢助攻的球会产生必要的力量，尤其是踢反弹球时。

## 5. 下坠球射门

在比赛中，有时守门员会直接将球用拳头击出，这时进攻球员就可以直接踢迎面而来的下坠球。

### 6.　侧身凌空射门

　　侧身凌空射门是一个非常复杂的动作，要求具备良好的协调性和时机，而且髋关节必须非常灵活。这种方式射门可以踢出又准又有力的球。

### 7.　凌空侧体剪式射门

　　凌空侧体剪式射门与侧身凌空射门类似，但是球员是在空中完成侧体剪式射门。

### 8.　倒钩射门

　　倒钩射门是目前足球运动中最复杂和最引人入胜的技术动作。在向后、背对球门着地时，球员用脚背从水平位置去踢比他头部还高的球。这个动作从剪切动作开始。倒钩射门是比较危险的动作，特别是在人造草坪上。建议初学者在体操垫子上练习。

### 9.　脚尖或脚后跟射门

　　脚尖踢球射门往往是在有时间压力和非常突然的情况下使用的方式。在身体背对球门的时候偶尔会使用脚后跟射门。

### 10.　头球射门

　　头球在防守和进攻中会变得越来越重要。除了技术之外，有力的弹跳、争顶时的硬度和时机都是很重要的因素。

　　头球又可分为：

- 原地头球（双脚起跳）。
- 跑动中头球（单脚起跳）。
- 转身和不转身头球（原地或跑动中）。
- 鱼跃头球。

# 10  射门技巧训练

## 运球之后射门

### 组织

A 队和 B 队队员在两倍大罚球区的场地上轮流进行简短带球后的射门练习。只有在罚球点起脚射门得分才算有效。射门后，另一方队员取回球。守门员 A 属于球队 A。每名队员有 5~10 次射门的机会。看哪支球队将获得最多得分。比赛的气氛会产生巨大的准确性压力以及小组压力。

### 变化方式

- 从右侧和左侧开始训练。
- 距离为 18~20 米。
- 回弹球可以补射。

### 提示和建议

- 如果训练人数过多，那么教练要将队员分为三组进行比赛。要给轮空的那个小组安排其他任务。
- 要求使用两只脚从不同的射门角度完成训练射门。
- 使用不同的射门脚法（脚内侧、脚背内侧、正脚背、脚外侧）。

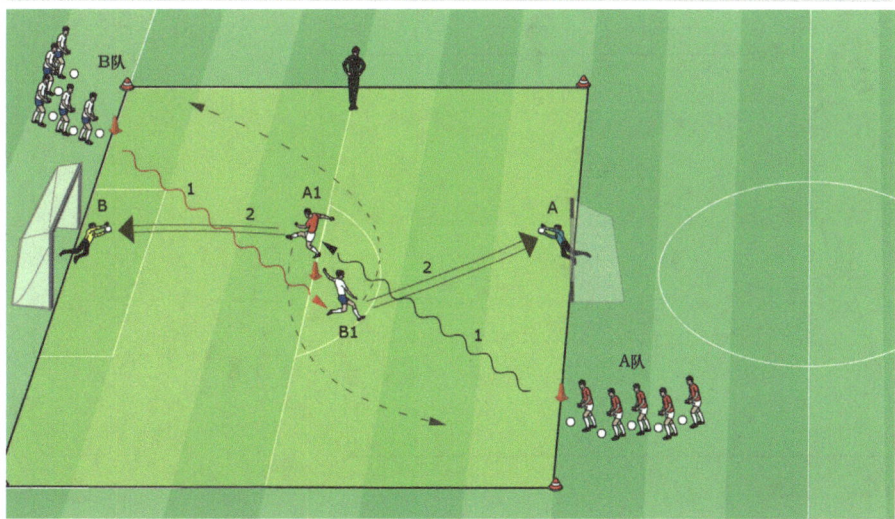

在第二次触球时射门

## 组织

A1 传球给 B1。B1 让球弹起传给 A1，并跑回自己的小组。A1 必须使用两次触球的方式（停球、射门）完成射门。接下来，B2 传球给 A1，A1 让球弹起传给 B2……如此循环。

## 变化方式

- 从右侧和左侧开始训练。
- 距离为 18~20 米。
- 反弹球可以补射。

## 提示和建议

- 射门队员带球斜向跑动，同时准备好一脚射门。
- 每名队员有 5~10 次射门的机会。看哪支球队射门得分最多。
- 比赛的气氛会产生巨大的准确性压力以及小组压力。

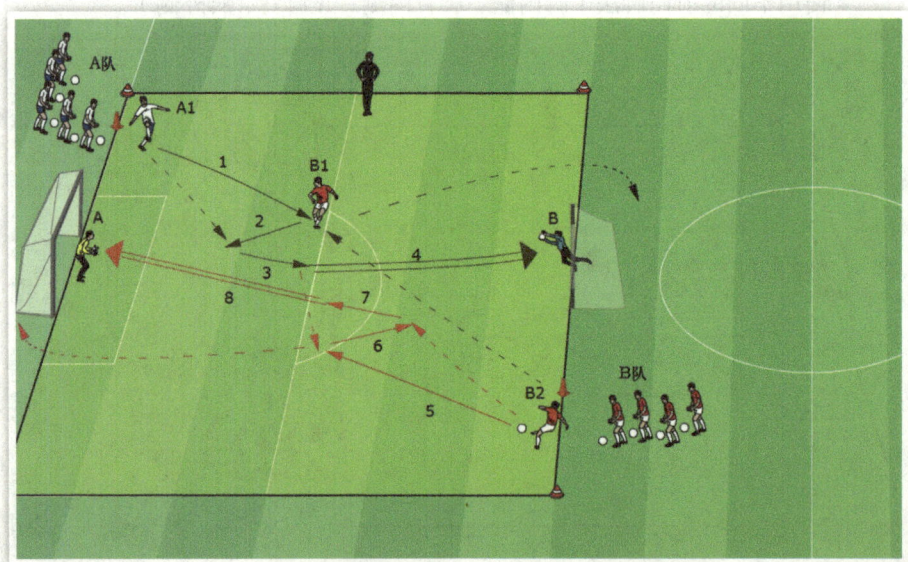

## 传切射门

### 组织

A1 传球给 B1，B1 斜线传球给 A1，并跑回自己的小组。A1 直接起脚射门，然后 A1 跑到给 B2 传球的位置……如此循环。

### 变化方式

- 从右侧和左侧开始训练。
- 距离为 18~20 米。
- 反弹球可以补射。

### 提示和建议

- 传切队员在队友传球给他之前做一个跑动假动作。
- 传切队员将球准确地传到队友跑动的路线上，接着队友直接一脚完成射门。

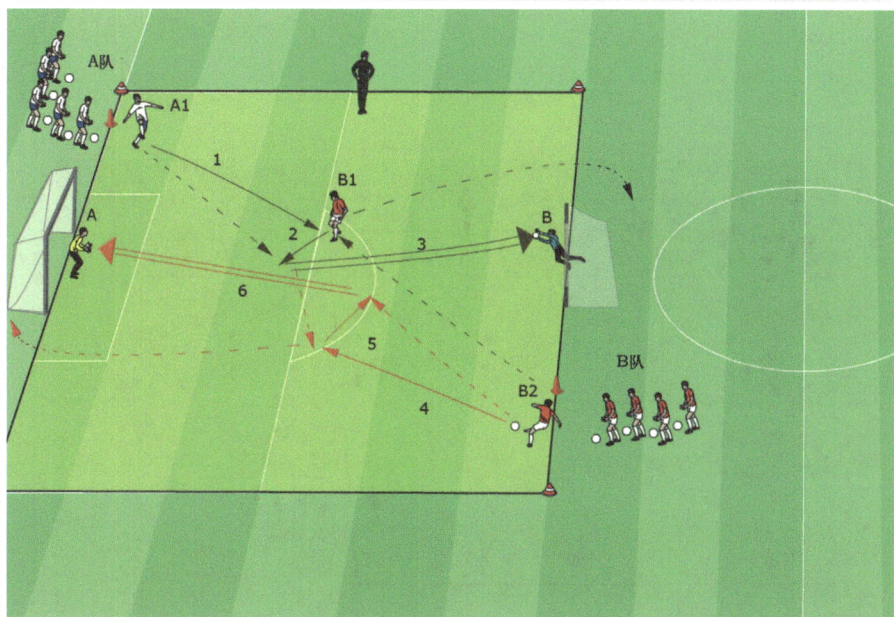

## 第三人射门

### 组织

A1 和 B1 同时将球传给 A2 和 B2。A2 和 B2 回传，并跑向前准备射门。A2 和 B2 长传球给 A3 和 B3。同时 A1 和 B1 随球跑，跑至 A2 和 B2 的位置。A3 和 B3 给 A2 和 B2 传球，A2 和 B2 完成射门。A3 和 B3 传球后，捡球并跑到另一队的队尾。在练习中，所有球员的位置都不断地进行轮换。

### 变化方式

- A 直接将球传给球员 A3，接着球员 A3 将球像之前一样传给球员 A2。
- 回到自己的队尾，看哪一组射门得分最多。

### 提示和建议

- 准确传球。
- 最后传球时机一定要好。
- 采用跑动假动作。

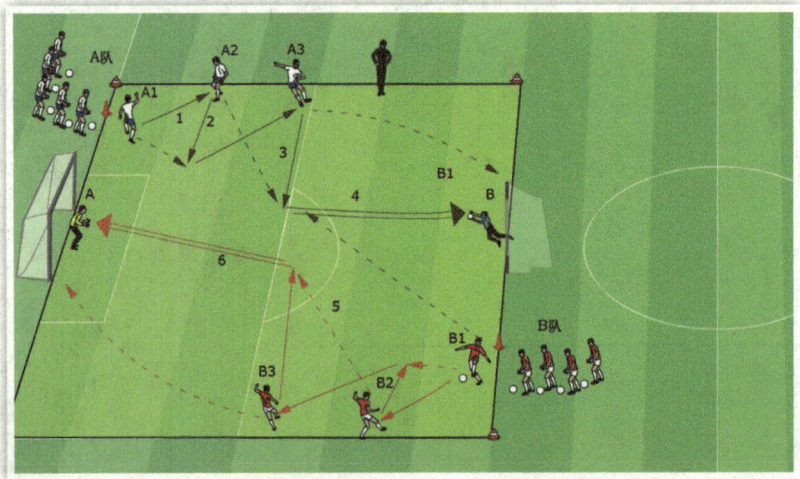

## 在正方形场地一脚传球：基本练习

### 组织

　　5~8 名球员在正方形场地上不间断地进行练习。基本的传球顺序是：向前——向后——对角线——边路——长传（传入最后一名队员的跑动路线）。每名队员在跑到下一个位置（顺时针）之前必须完成两个动作（传球）。最后一名队员将球运回小组起始点。A 传球给 B（1）并简短示意有横向移动的可能性。B 将球回传给 A（2）并示意他可与 C 进行墙式二过一。A 将球斜传给 C（3），随后跑向 B 的位置，C 将球传给 B（4），然后跑向下一个标志桶。B 空当传球给 C（5）并取代 C 原来的位置。C 接好球（6），运球到他的小组后面排队。

### 变化方式

- 改变正方形场地（8 米 ×8 米到 20 米 ×20 米）大小。
- 双向练习——顺时针和逆时针——左右脚都要练习。

### 提示和建议

- 球员应该能用左右脚来完成技战术动作，这样他们才不会在比赛中为了避免使用技术薄弱脚而失去宝贵的时间。
- 这个训练是为接下来的射门练习做准备，是第二个热身阶段的理想选择。

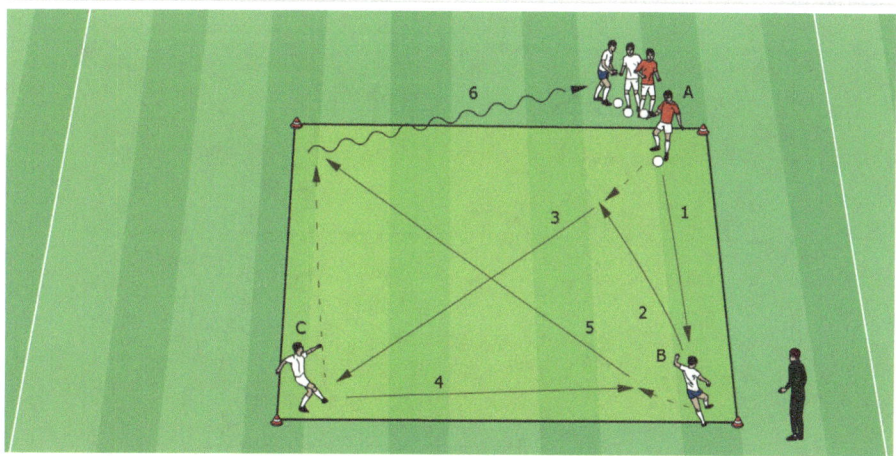

## 在正方形场地一脚传球接射门

### 组织

　　A 传球给 B（1）并简短示意有横向移动的可能性。B 将球回传给 A（2）并示意他可与 C 进行墙式二过一。A 将球斜传给 C（3），随后跑向 B 的位置，C 将球传给 B（4），然后跑向下一个标志桶。B 空当传球给 C（5）并取代 C 原来的位置。C 接球完成射门（6）。

### 变化方式

- 不断改变正方形场地的大小，这样球员就必须不断适应新的距离，从而帮助他们培养更好的传球和距离感。
- 双向练习（顺时针或逆时针）。
- 如果开始点在左边，那么射门的队员主要使用右脚练习。如果想使用左脚练习射门，就要反向练习，这样开始点就在右边。

### 提示和建议

- 采用跑动假动作。
- 传球要简单快速。
- 最后一脚传球要将球传到开放区域或者射门队员的跑动路线上，球传得越好，就越有机会破门得分。最后一脚传球一定要及时，以便射门队员在不减速的情况下得球射门。

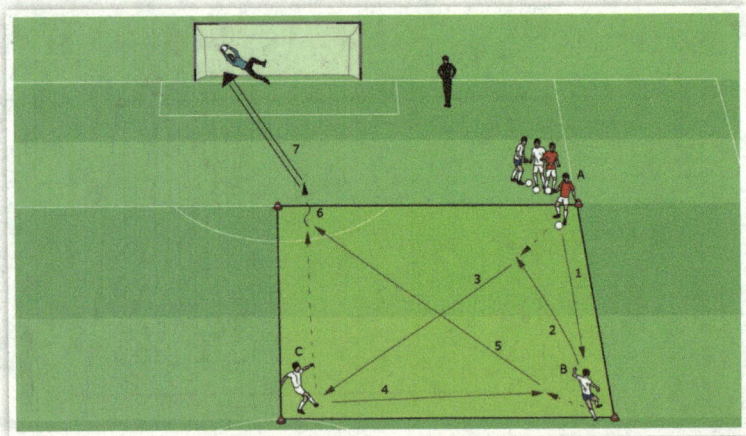

## 在正方形场地一脚传球接 90° 射门

### 组织

类似于之前的射门训练，但是我们将开始点进行了变化。

### 提示和建议

- 射门队员不要径直跑向守门员方向，而最好是与禁区线平行跑动（他穿过一条想象中的防守线），这有利于练习队员的转身射门能力。
- 如果开始点在左边，那么射门的队员可以练习右脚射门。如果想练习左脚射门，就要反向练习，这样开始点就在右边。

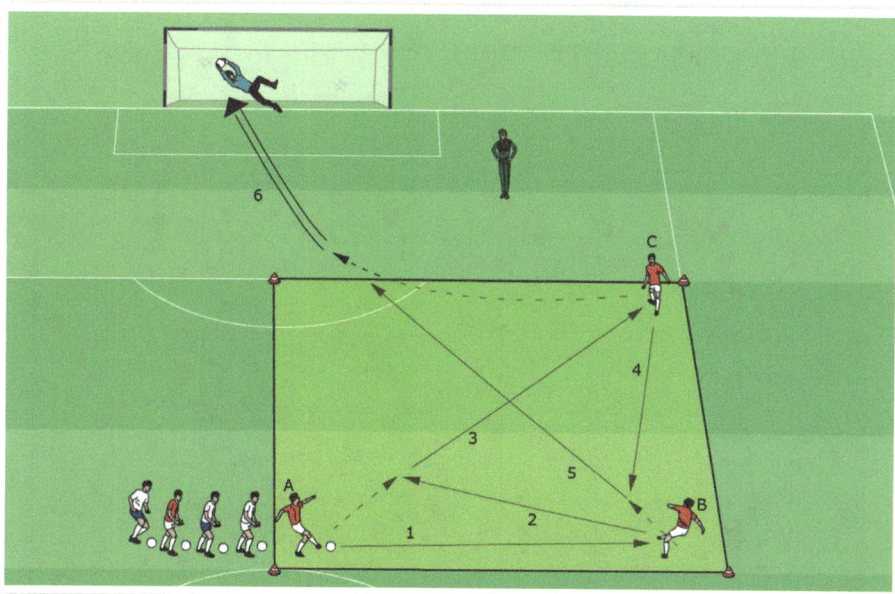

## 在正方形场地一脚传球：比赛

### 组织

如果将这个训练作为比赛，那么队员可以体会到时间压力和准确完成射门的压力。经过简短的控球，队员以一脚射门区外的射门来结束整个之前学过的按顺序传球。射门地点到小球门的距离取决于队员的能力水平。射门的队员从球门取回球，接着到自己队伍最后面排队。每支球队从左边和右边分别进行一次练习。累计射门得分，在特定时间内射门进球最多的球队赢得比赛。

### 变化方式

● 队员向有对方守门员把守的大球门射门。

● 必须一脚球射门。

### 提示和建议

● 准确性比速度更重要！目标是进行准确的传球或者射门，不要过多考虑时间上的压力。

● 每支球队从左右两边各进行一次训练。累计射门得分。

● 队员要学会在速度和准确性之间保持平衡（准确性比速度更重要），因为他们想尽可能多地射门得分和赢得比赛。

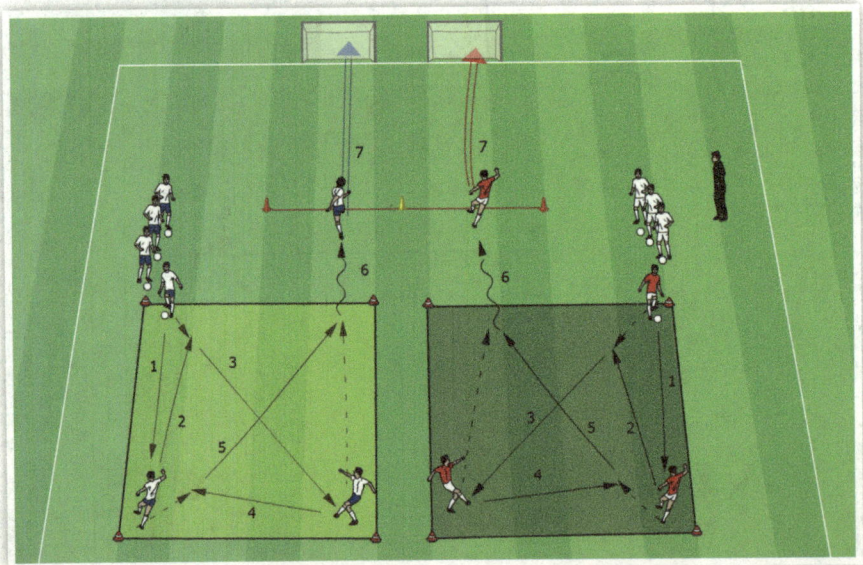

## Y 形训练：可以一直作为基本练习

### 组织

A 传球给 B（1）并简短示意墙式二过一。B 将球回传给 A（2）并示意他可接 C 的传球。A 将球传给 C（3），随后跑向 B 的位置，C 与 B 进行墙式二过一（4，5）。接着，C 传球给 D（6），D 与左边的 E 继续这个练习。所有的队员移动到下一个位置。

### 变化方式

- 跳过一名队员（A 直接将球传给 C……以此类推）。

### 提示和建议

- 快速传球和（最好）一脚传球。
- 教练观察传球的准确性和传球的情形难度。
- 球员使用跑动假动作、协作跑位并互相提醒。
- 遵循左右两只脚踢球的原则，这个练习两边都要做。

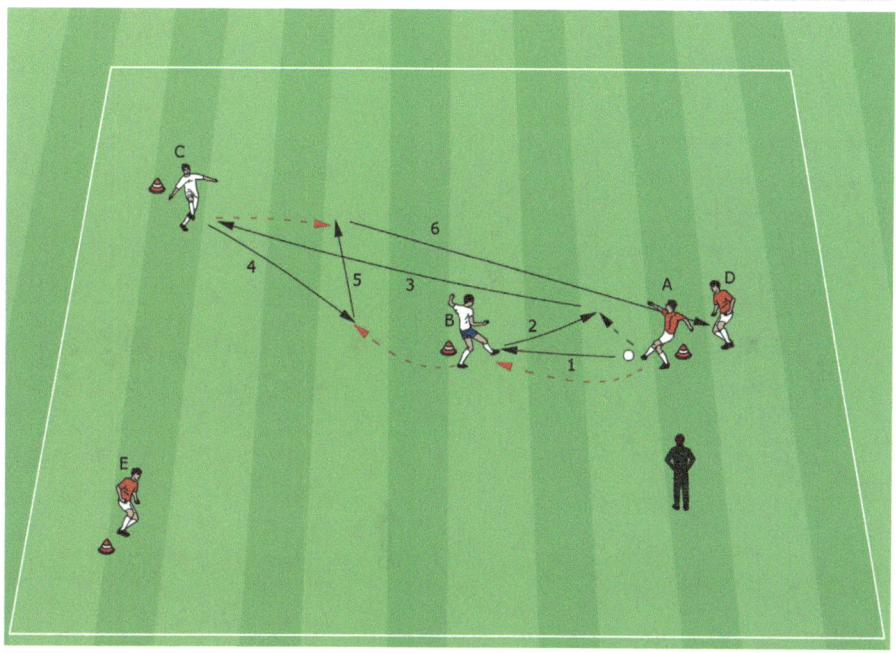

## Y 形训练：底平传中

### 组织

这是一个涉及 2 名中场球员，2 名前锋的配合打法练习。2 名前锋传低平球式的传中。传球线路如图所示，所有的球员在传球后都跑到下一个位置。球员 D 捡球。

### 变化方式

● 球员 D 在左边采用相同方式进行训练，这样可以迫使球员均等地使用两只脚进行训练。从右边开始训练一般采用右脚，而从左边开始训练则采用左脚训练。

● 开始时，球员 A 直接将球传给 C。

### 提示和建议

● 采用跑动假动作。

● 球员间相互学习指导。

● 协调跑动，特别是在传中时。

● 按照使用两只脚训练的原则，两边都要进行训练。

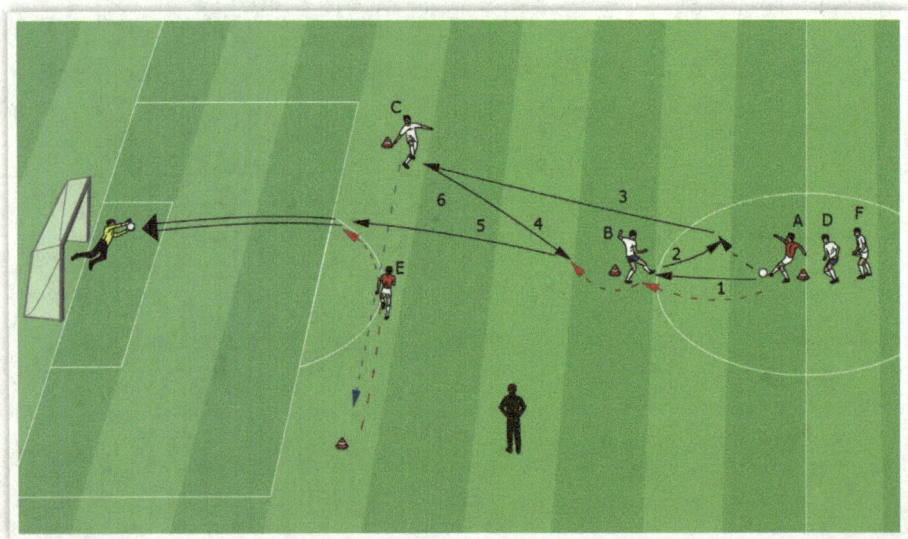

## 8 字形一脚传球：基本准备模式

### 组织

　　队员进行墙式二过一传球，接着对角线低平传球。接球队员控好球并运球跑到右边的小组。接下来，下一组的第一名队员在右边开始相同的练习顺序。传完球后，队员移动到下一个位置。这个训练最少需要 8~10 名球员。

### 提示和建议

● 教练员要确保开始的队员尽可能快地开始二过一传球。第二组队员在 B 跑过中场之后立刻开始练习。

● 采用跑动假动作。

● 准确且用力的传球。

● 球员间互相提醒。

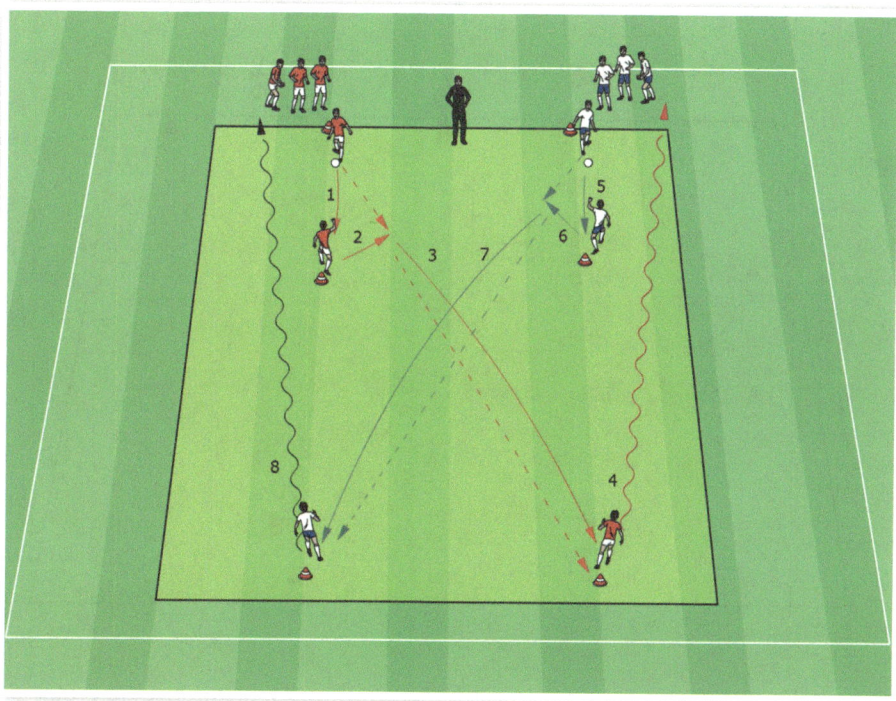

## 8 字形一脚传球：射门比赛

### 组织

类似于之前的训练。C 控球并运球跑向射门线。在射门线处，向小球门射门。教练要确保开始组的队员尽可能快地开始二过一传球。这样，一旦当 B 跑过中场位置时，第二组队员就立即开始练习（这里是 D）每名队员总是跑向下一个位置。

### 变化方式

● 向有守门员防守的大球门射门。

● 根据能力水平，将球门设置在较近或较远位置。

### 提示和建议

● 球门越小且距离设置越远，球员射门准确性的压力就越大。

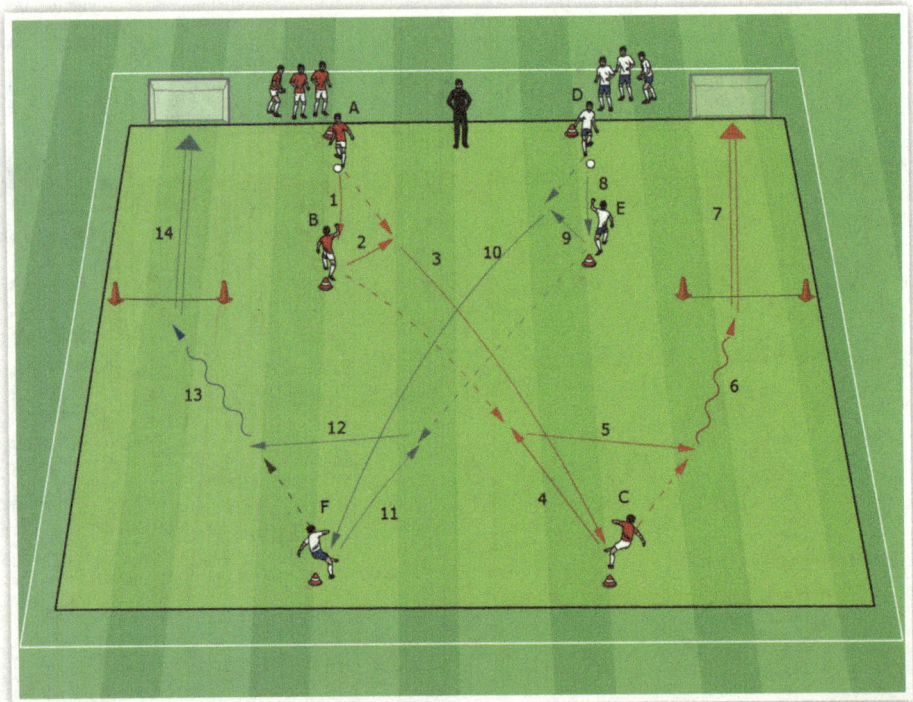

# 11　射门比赛

## 进球或罚跑

### 组织

2 支球队相互进行比赛。A 队射门而 B 队站在球门线上靠近标志桶。如果 A 队有一名队员射门没将球打在门框范围以内，那么整支球队必须在下一名队员射门之前绕着球门跑动。如果守门员成功救球或者球踢到球门横梁或立柱上，那么由 A 队的下一名队员射门。如果球被踢进球门里，那么 B 队要绕着标志桶跑动。在预定的时间（例如 2~3 分钟）之后，两队交换任务。看哪支球队得分最多。

### 变化方式

- 改变跑动距离（5~16 米）。
- 改变射门距离（10 米、16 米、20 米）。
- 不同的射门方式（静止球、简短传球射门、运球射门）。

### 提示和建议

- 只有在守门员做好准备的情况下才可以射门。
- 在射门的过程中会出现较高的团队压力。
- 如果出现多次射门失误，那么压力会比较大。

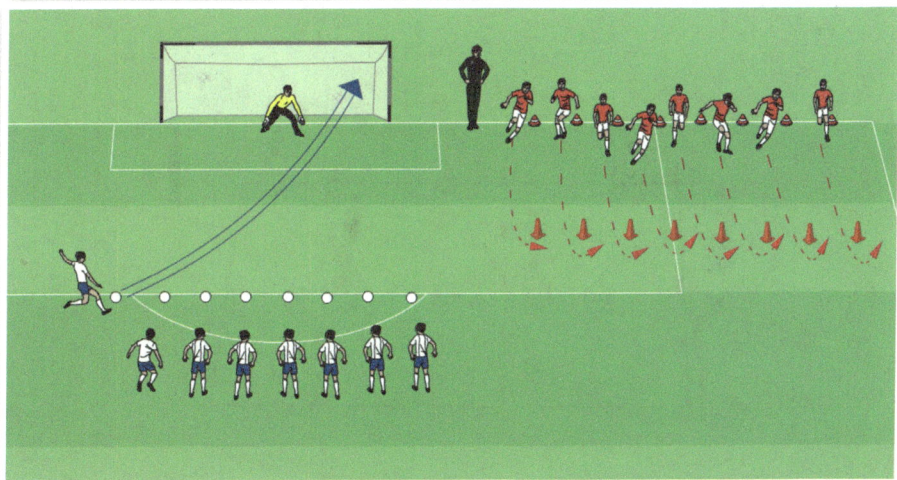

## 冠军联赛 1

### 组织

在这个训练中，队员向小球门射门。得分的队员向前移动一格。射门失误的队员向后移动一格或待在原来的格里。每一个标志桶表示一个比赛级别，从本地联赛到冠军联赛。第一个从冠军联赛标志桶处射门得分的队员为获胜者。

### 变化方式

- 可以改变标志桶和联赛（例如本地联赛、省际联赛、大区联赛、国家 B 级联赛、国家 A 级联赛、冠军联赛等）的数量。
- 分组比赛。

### 提示和建议

- 距离的设定取决于球员的能力水平。
- 分成尽可能多的小组，以避免重复。
- 要求使用不同的射门技术。

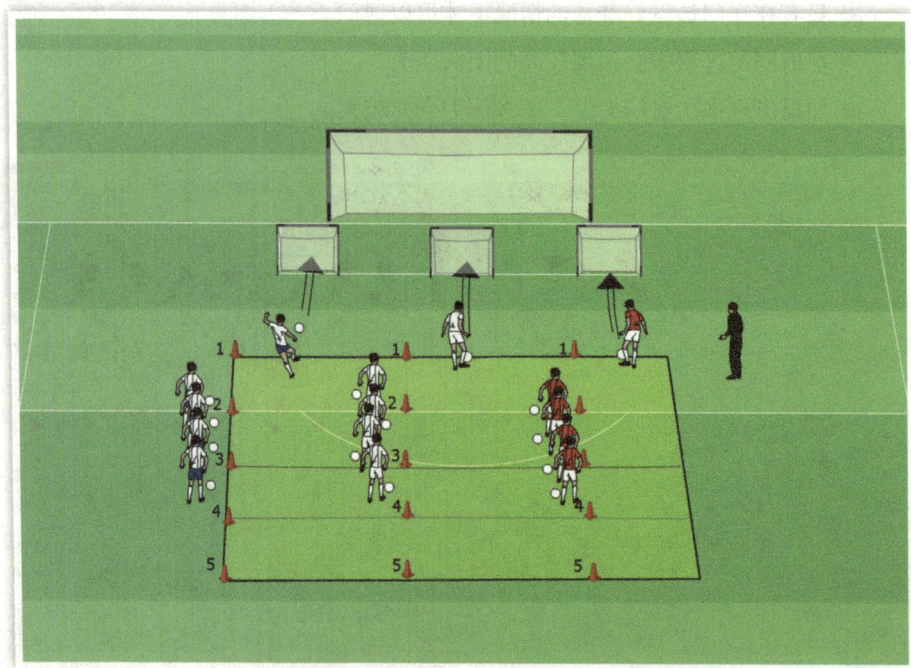

## 冠军联赛 2

### 组织

这个冠军联赛训练采用了大球门和 1 名守门员。标志桶的距离分别设置为 10 米、15 米、17 米和 20 米。每一名球员都从第一个标志桶开始训练。队员射门得分后移动到下一个标志桶。第一个从距离最远的标志桶处射门得分的队员为获胜者。

### 变化方式

- 分组比赛。
- 运球射门。

### 提示和建议

- 标志桶的距离和难度级别设置取决于球员的能力水平。
- 2 名守门员轮流守门，这样射门训练可以进行得更紧凑。
- 如果球员人数比较多（超过 12 名），那么应该使用 2 个球门。

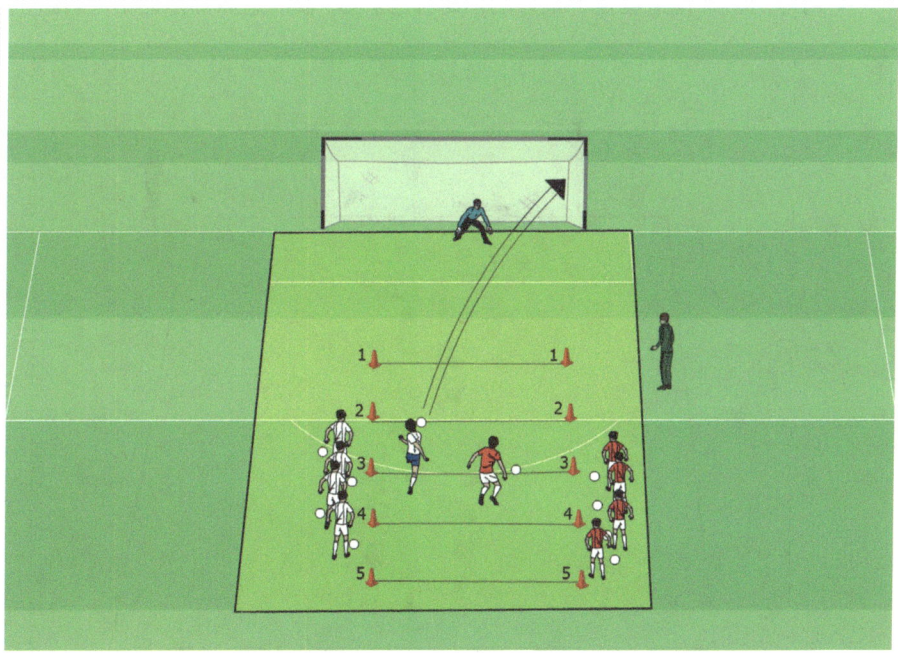

# 挑战

## 组织

2 支球队进行团队比赛。每支球队有 5~8 名球员。教练或助教快速将 2 个球传给每名队员。第一个球是传到罚球点附近区域。第二个球是在射门之后立即传到门前 6~8 米的位置。射中一球的队员可以去自己球队后面排队继续挑战。两球都射丢的队员出局并帮助捡球，如果一名队员两球都踢进，那么他可以挑战另一支球队的队员（通常是最好的队员）。接着，这名被挑战的队员必须要将 2 球都打进，否则他就会出局。

## 变化方式

● 可根据球员的能力水平改变射门距离。

## 提示和建议

● 最好采用 2 名守门员。

● 如果球员人数过多，那么教练应该组织一个四队参加的锦标赛。

● 被挑战的队员压力巨大。

● 对守门员来说这也是个很好的训练，因为大多数的进球都是近距离打进的。

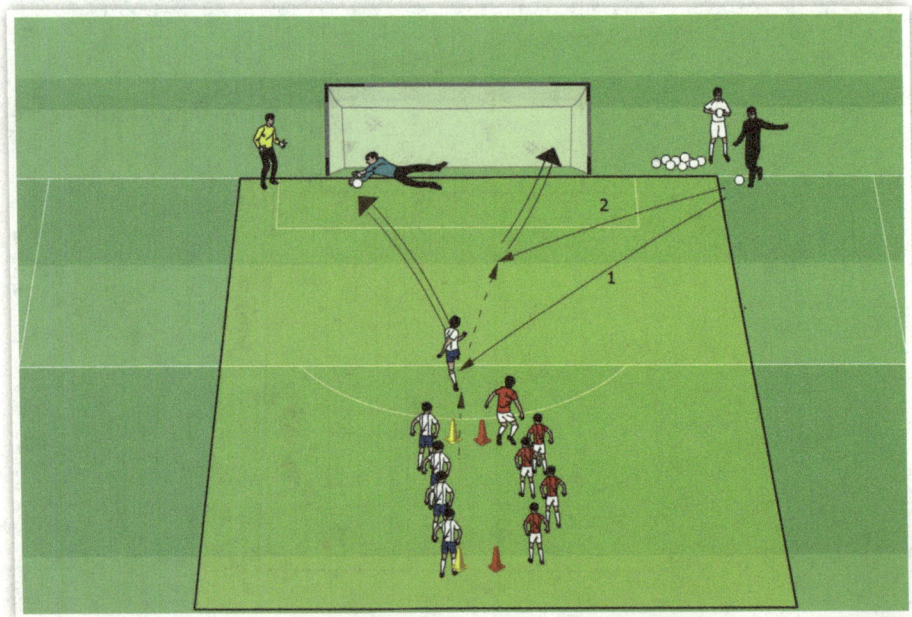

# 12 在真实情形下练习射门

3 v 2 + 2 v 3

## 组织

两倍大罚球区的场地，每一半场地上各有 3 名进攻队员和 2 名防守队员。队员不可以离开自己的半场。当球被踢过中线时，3 名进攻队员都有 8 秒钟（或者更少，取决于水平）时间射门。守门员可以直接传球给本方进攻队员。进攻队员可以从任意位置射门。

## 变化方式

- 3 v 1 + 1 v 3（初学者）。
- 2 v 1 + 1 v 2。
- 4 v 3 + 3 v 4。

## 提示和建议

- 位置导向的指令——前锋、中场队员、防守队员，互相对抗。
- 在进攻半场设定完成射门的时间限制。
- 获得球权后快速传过场地。

## 在 2 倍 16 米禁区大小的场地里进行 3 v 3 训练

### 组织

2 支球队在两倍大罚球区的场地上进行 3 v 3 对抗，设有 2 个分别由 1 名守门员把守的大球门。

### 变化方式

- 4 v 4。
- 5 v 5。
- 从自己的半场射门进球，双倍得分。
- 在二过一传球之后射门进球，双倍得分。

### 提示和建议

- 三角形阵型。
- 使用小组战术（二过一传球、交叉跑位、三人配合、回做传球等）。
- 制造和利用人数优势（寻找 2 v 1 机会）。

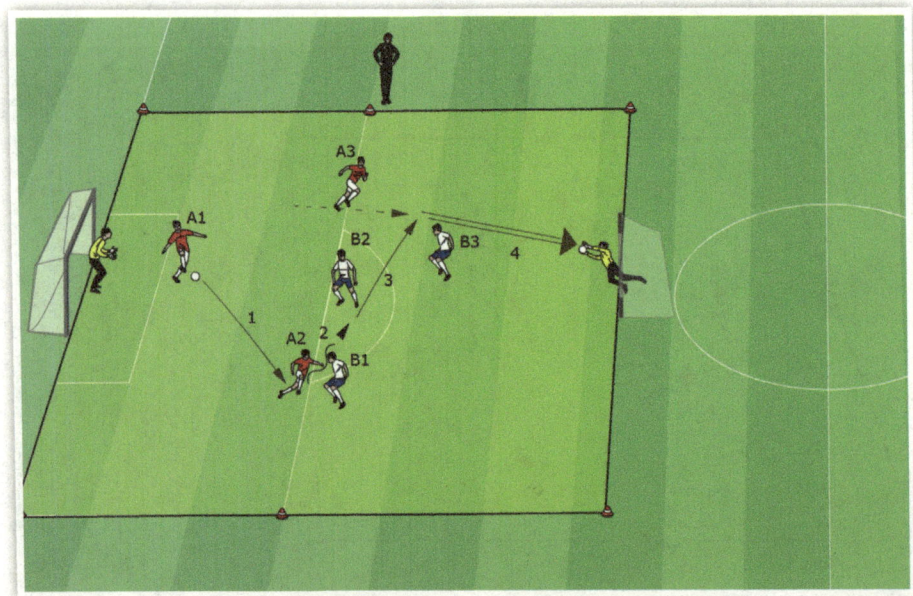

## 3 v 3 + 4 名站在球门线后方的队员进行训练

### 组织

2 支球队在两倍大罚球区的场地上进行 3 v 3 对抗,设有 2 个分别由 1 名守门员把守的大球门。双方各有 2 名队员站在对方球门线后支持各自球队。他们可以一次触球或者两次触球。

### 变化方式

- 4 v 4。
- 5 v 5。
- 从自己的半场射门进球,双倍得分。
- 接边路队员倒三角传球射门进球,双倍得分。

### 提示和建议

- 获得球权后快速传过场地。
- 快速向前移动形成三角形阵型。
- 利用回弹球(对方球门线后的队友)。

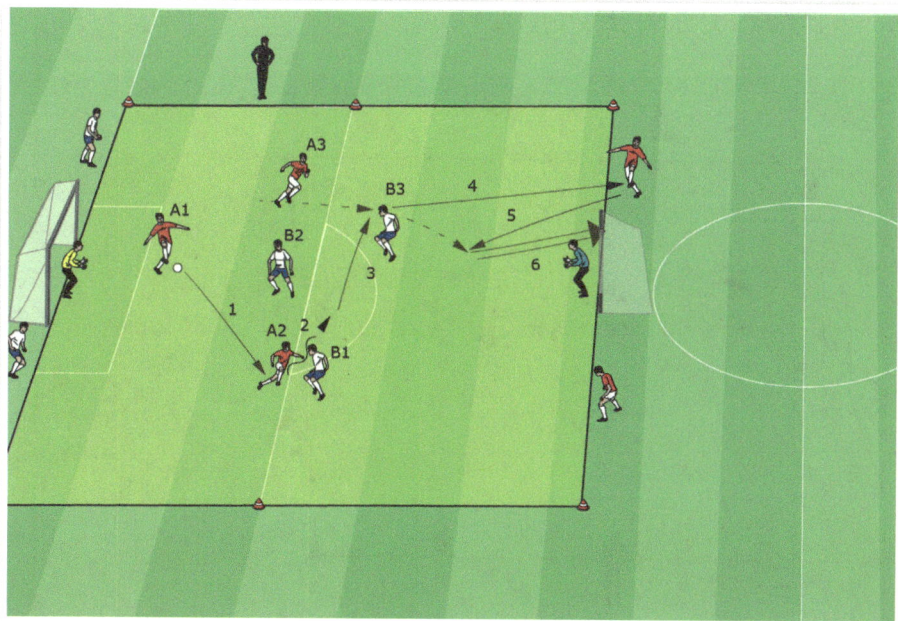

## 4 + 4 v 4 + 4 训练

### 组织

在双倍罚球区大小的场地上进行 4v4 训练。每支球队有 4 名队员站在自己进攻区域的外面，2 名站在球门线后面，另 2 名站在边线位置。根据训练目标和队员水平，限定场内和场外队员的触球次数。

### 变化方式

- 从自己的半场远射进球，双倍得分。
- 场内场外队员交换位置。

### 提示和建议

- 在场地中间使用中立球员（如果队员人数不均等）。
- 快速传过场地。
- 向前移动。
- 三角形阵型。
- 三人配合。
- 来自边路的瞄准好的传中和倒三角传球。
- 回弹球（对方球门线后的队友）。

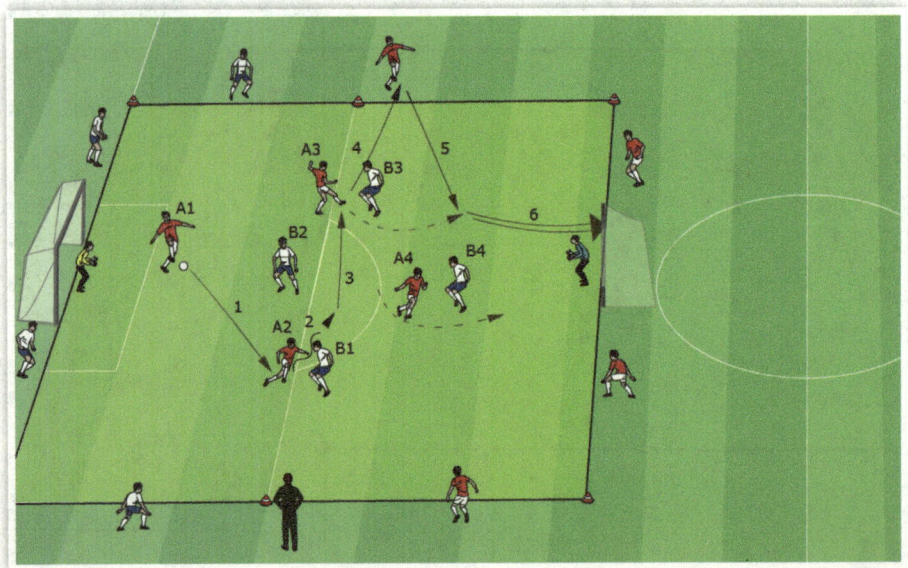

## 4 v 4 对抗：着四种颜色衣服

### 组织

教练将队员组合为 4 组，2 名队员一组，4 种颜色队服。穿红色队服与灰色队服的队员为一组，蓝色和白色为一组。每种颜色的第一对队员在场上进行 4 v 4 对抗。教练喊出一种颜色（例如蓝色）。B3 / B4 这对队员只能在 B1 / B2 退出场地之后才可以进入场地。在这种情况下，蓝白队的人数会暂时处于劣势，红灰队必须要快速利用这种优势。

### 提示和建议

● 人数占优的球队必须要快速利用这种短暂的优势，射门得分。
● 不同的队服颜色以及不断变化的人数（均等、人数优势、人数劣势）会提高队员的感知和动作速度。

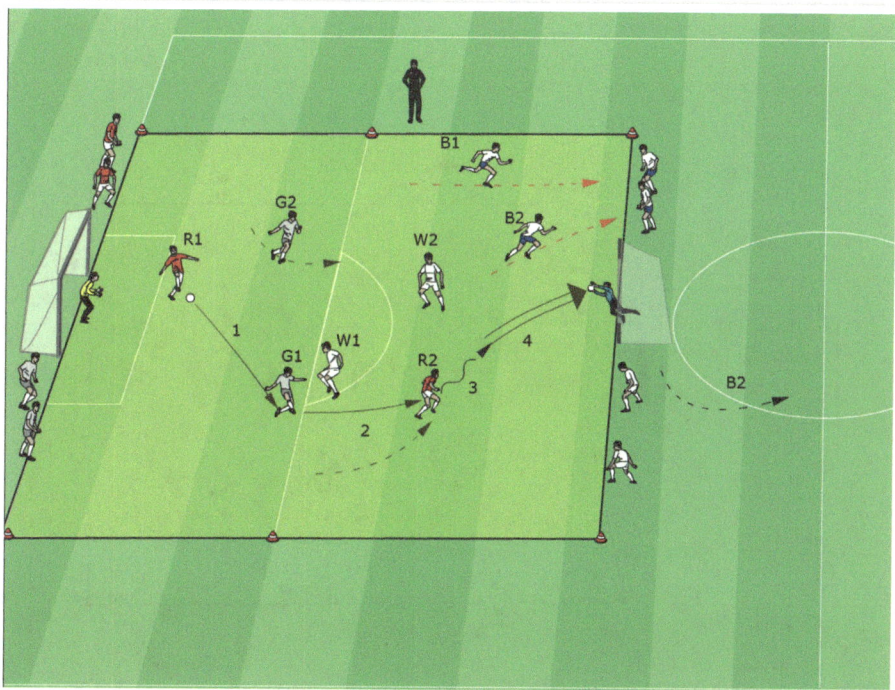

## 使用背对背球门进行 4 + 4 v 4 + 4 训练

### 组织

在正方形 / 长方形（40 米 × 40 米）的场地中间设置 2 个由守门员防守的背对背大球门。2 支球队在里面的场地进行 4 v 4 训练。每队另有 4 名队员在场外。场内队员触球不限次数，场外队员限两次触球，场内场外队员可以进攻两个球门。

### 变化方式

- 在场地里面进行 5 v 5 训练。
- 在场地里面进行 6 v 6 训练。

### 提示和建议

- 守转攻转换要迅速，反之亦然。
- 从不同的距离都可以准确射门。
- 预判射门机会。
- 边路队员传中，包抄射门得分。

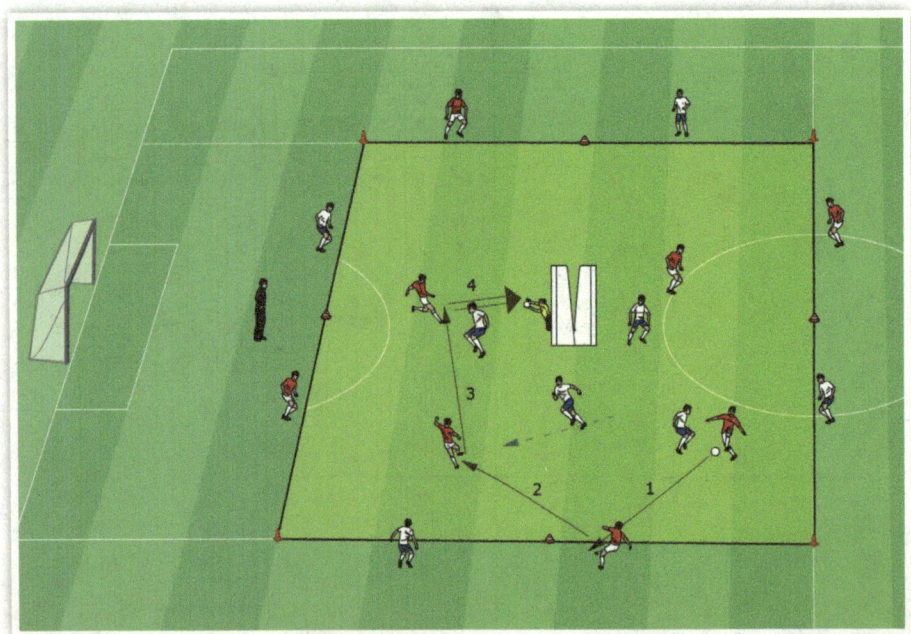

## 使用背对背球门进行 7 v 7 训练

### 组织

在场地中间（例如比赛场地的半场）设置 2 个背对背的球门。2 支球队进行 7 v 7 训练，设有 2 名中立守门员。2 支球队都可以向 2 个球门射门。进球后，守门员将球抛给进球一方离球门距离最远的那名队员。如果守门员成功救球，那么另一支球队获得球权（守门员长抛球）。

### 变化方式

- 8 v 8（9 v 9）。
- 只能向指定的守门员把守的指定一侧球门射门。
- 在获得控球权之后，队员必须先将球踢过中线才能射门得分。
- 3 名守门员，3 个球门，背靠背。
- 大小不同的球门（大球门、中球门、小球门），采用不同的计分方法。
- 追加比赛：手球——头球（只有头球射门进球才算得分）。

### 提示和建议

- 提高感知和行动速度。
- 守转攻转换要迅速，反之亦然。
- 边路传中，倒三角传球。
- 从不同的距离射门或回弹球。

## 13 最后一些建议

- 在介绍本书的新训练和练习时，教练必须耐心和充满激情，这样球员才可以真正理解和掌握。通常，记住这些复杂的训练顺序和规则并不容易，尤其是正确地应用时。

- 在选择练习和训练以及各种变化方式时，总是要考虑队员的年龄和运动水平。

- 要有创造性，并发展自己的训练变化方式以及个人训练理念。本书将为你提供帮助。

我们希望你在使用本书介绍的训练方式以及将这些方式进行多样化的变化时能获得成功，同时我们希望能够为你提供一些让你成为优秀教练的、有价值的建议。

## 皮特·施赖纳（Peter Schreiner）

- 具备 UEFA-A 执照。
- 在超过 15 个国家担任 200 多场专题研讨会和学术会议的嘉宾。
- 德国足球教练联合会学术会议主持人。
- 众多图书、文章署名作者。
- 便捷运动软件的共同所有人。

## 诺伯特·埃尔格特（Norbert Elgert）

- 足球教练、足球教育顾问、团队建设讲师。
- 超过 7 年的职业足球运动员生涯（其中效力沙尔克 04 俱乐部 4 年半的时间）。
- 执教 21 年，其中一年作为德甲沙尔克 04 俱乐部的助理教练，15 年作为沙尔克 04 俱乐部 U19 主教练。
- 2001/2002 赛季和 2004/2005 赛季率沙尔克 04 俱乐部 U19 队获得德国杯冠军。
- 2005/2006 赛季和 2012 赛季率沙尔克 04 俱乐部 U19 队获得德国杯冠军。
- 2012 赛季 U19 德甲联赛冠军。
- 培养出厄齐尔、诺伊尔、赫韦德斯、马蒂普、德拉克斯勒、汉克等球员。

# 参考文献

## 图书

Elgert, N. & Schreiner, P. (2010). One Touch & Combination Play. Essen: Institut für Jugendfußball Hübscher, S. (2009). Creative and Successful Wing Play. Essen: Institut für Jugendfußball

Wein, H. (2011). Online Book: Small Sided Games for Develop Soccer Intelligence. Essen: Institut für Jugendfußball

Peter, R. (2011). Online Book: Pressing in Soccer

## DVD

Elgert, N. & Schreiner, P. (2011). The Art of Playing Attacking Soccer 1. Essen: Institut für Jugendfußball Elgert, N. & Schreiner, P. (2011). The Art of Playing Attacking Soccer 2. Essen: Institut für Jugendfußball Elgert, N. & Schreiner, P. (2012). The Art of Playing Attacking Soccer 3. Essen: Institut für Jugendfußball Wein, H. (2011). Coaching Game Intelligence in Youth Football 1 und 2. Essen: Institut für Jugendfußball Wein, H. (2012). Coaching Game Intelligence in Youth Football 3. Essen: Institut für Jugendfußball

## 关于图片（以下为原版书的图片信息）

封面设计：Andrea Brücher

制　　图：Peter Schreiner

设　　计：Andrea Brücher

本书中的该图标由便捷运动软件制作

图　　片：firosportphotoGbr,Fromme+lbing, CoesfelderStraße207, 48249Dü lmen,Thinkstock(Coverbackground)dpaPicture-Alliance (pg. 5,12/13,19,39,46/47,49,81,85,90/91,92/93,109,112/113,124/125, 131,156)